高效阅读
的秘密

1冊読み切る仕事術

〔日〕斋藤孝◎著

胡佳◎译

四川文艺出版社

图书在版编目（CIP）数据

高效阅读的秘密 / （日）斋藤孝著；胡佳译 . -- 成都：四川文艺出版社，2020.5

ISBN 978-7-5411-5025-8

Ⅰ. ①高… Ⅱ. ①斋… ②胡… Ⅲ. ①读书方法 Ⅳ. ① G792

中国版本图书馆 CIP 数据核字 (2020) 第 045484 号

1 SATSU YOMIKIRU DOKUSHOJUTSU
by Takashi Saito
Copyright © 2019 Takashi Saito
Simplified Chinese translation copyright © 2020 by Bejing Standway Books Co., Ltd.
All rights reserved.
Original Japanese language edition published by Diamond, Inc.
Simplified Chinese translation rights arranged with Diamond, Inc.
through BARDON-CHINESE MEDIA AGENCY.

本书中文简体版权归属于北京斯坦威图书有限责任公司

GAOXIAO YUEDU DE MIMI

高效阅读的秘密

（日）斋藤孝 著

胡 佳 译

出 品 人	张庆宁
选题策划	北京斯坦威图书有限责任公司
编辑统筹	李佳铌 王 娇
责任编辑	叶竹君
封面设计	异一设计 QQ:164085572
责任校对	汪 平

出版发行　四川文艺出版社（成都市槐树街 2 号）
网　　址　www.scwys.com
电　　话　028-86259287（发行部）028-86259303（编辑部）
传　　真　028-86259306

邮寄地址　成都市槐树街 2 号四川文艺出版社邮购部 610031
印　　刷　天津中印联印务有限公司

成品尺寸	147mm×210mm	开　本	32 开
印　张	7	字　数	125 千字
版　次	2020 年 5 月第一版	印　次	2020 年 5 月第一次印刷
书　号	ISBN 978-7-5411-5025-8		
定　价	45.00 元		

前　言

"阅读漫画没问题，若换作满是文字的书，我总是半途而废。"

"我也想看书啊，但总是没时间。"

"书倒是买了，却放着不读。"

以上是许多人读书时会遇到的困惑，我个人非常理解大家的心情。

但如何读完一本书呢？

我在明治大学负责师资培养，在这些立志当老师的学生中不乏不善于读书者。

我也有机会给中小学生授课，不出所料，不善于读书者比比皆是。

但学生们听完我独创的快乐读书法后，不禁感叹："啊？居然还有这种方法！""这样一来，我也能读完一本书了吧！"他们认为自己不善于读书的意识也会渐趋淡薄。

请看下述读书方法：

- 没必要按顺序从头读到尾。
- 有时候也可从第 3 章开始阅读。
- 记住 30% 左右的内容足矣。
- 从闲暇时间中抽出 3 分钟读完一本书。
- 每次将自己的感想发布于 SNS（社交网络平台）上，3 行即可。

怎么样？是不是对读书稍有自信了呢？

请抛弃那些诸如"一定要努力从头读到尾""不能半途而废"的传统观念吧。

"不善于读书"与"厌恶读书"是有本质区别的。

因都给人以消极印象，所以有人会觉得两者有些许相似，但我认为两者的实质是截然不同的。

"不善于读书"的人，他们"有读书的意愿"，"但是，往往虎头蛇尾"。

这种矛盾的心理让读书变得举步维艰。但这和"厌恶读书"是迥然不同的。

既然买了书，就不能说是"厌恶读书"，只能说"不善于读书"，否则就不会抱着读完一本书的心理购买书了。

关于读书，有这样一项耐人寻味的调查。世界上有很多人一辈子连 5 本书都没读完。据美国一家大型出版社透露："很多人购买新书后，70% 的新书都未曾翻开过，更别提将毕生所购买的 95% 的书籍全部读完了。"所以，能翻开书读一部分便是进步。

《通往成功的七级台阶》（*Take The Stairs*）

市面上和读书相关的书籍不胜枚举，但多数面向的是"喜欢读书的人"。

若以"喜欢读书的人"为对象，书中涉及的内容也多为"读书让人醍醐灌顶""读书让人其乐无穷"。但对于那些与书无缘、不善于读书的人来说，无异隔靴搔痒。

本书旨在制定一个最切合实际的目标，即：**读完 1 本书**。

我本人会利用长年积累的经验，以最简明扼要的语言阐述"实现读完一本书的战略性技巧"。本书会在最后一章介绍读完大文豪陀思妥耶夫斯基的长篇小说《卡拉马佐夫兄弟》的方法。

我在大学里本就负责《卡拉马佐夫兄弟》的阅读课程，所以，我会将正在读这本书的你视为我的学生，带着你一同挑战！

前言部分即将告一段落了。

在此，我希望你能耐心读完本书。若你能体验到"啊！原来这就是读完一本书的感觉啊"，那么你会获得无与伦比的喜悦感。

虽说读书也可以理解为阅读文章，但比起单纯的"阅读文章"，"快乐阅读"更为重要。

那么接下来，就由我来向大家逐一介绍快乐阅读的方法。

目　录
CONTENTS

第二章

推动高效阅读的源动力

第三章

决定高效阅读的关键行动

第四章

凝聚高效阅读的碎片时间

第五章

发挥高效阅读的思考力

终 章
高效阅读长篇著作

序 章

高效阅读的基本逻辑

在小突破中感受成功

对于那些"实在不擅长阅读长篇文章的人"来说，可以先通过阅读微型小说来构建"读完一本书的自信心"。

微型小说是短篇小说中篇幅非常短小的小说。虽然专家学者们还未对微型小说的字数做出明确规定，但只需几分钟就能阅读完毕的小说比比皆是。

于是，以《××短篇集》《××微型小说选集》《××微型小说精选集》命名的选集便如雨后春笋般应运而生。

在这里，我可以理直气壮地告诉大家：**即使你只读了选集中的一个故事，你也可以认为自己"读完了一本书"。因为选集中的每一个故事都是独立的作品，所以这种想法是可以成立的。这一点，我可以保证。**

或许你会感到沮丧，并质疑："这样也可以吗？"我可以告诉你"这样想没问题"。刚开始，请去尝试这样做，重要的是在一个个小小的突破中不断感受成功。

大学里，我有一个攻读体育专业的学生，他基本没阅读过课外书籍。他曾问我："老师，我很想看书，但完全不知道该看什么。"我向他建议道："**你可以尝试阅读芥川龙之介的短篇小说。若一部短篇小说集里大概有 20 个作品，恰巧你都读完了，那么你就可以认为自己阅读了 20 本书哦！**"

或许你会认为像芥川这般的大文豪，其作品甚至被选入教科书，内容应该是晦涩难懂的吧，但事实并非如此。

数日后，那名学生读完了芥川的短篇小说，并在大家面前讲述了自己的感想。

"这必定是一次愉快的体验吧！"在场的学生无不听得入了迷，诸如"我也要试着读一下""我也想尝试"的声音不绝于耳。

青空文库（www.aozora.gr.jp）收集了海量的、著作权已失效的作品，从各文豪执笔的小说到各思想家的名作，皆可免费阅读，你不妨也来尝试一下。

你可以用手机下载"青空文库"免费 App。打开后，不仅可以通过**"作家名"**和**"作品名"**检索，还可通过**"篇幅长短"**检索（请参照下一页）。

点击"**篇幅长短**"选项，就会弹出"**需 5~10 分钟读完**""**需 10~30 分钟读完**"的页面，让读者可以根据阅读时间的长短来选择作品。

你可以选择 5 分钟就能读完的作品，在上班或上学的公交上，或在等人的时间里，抽出一小部分时间读完一部作品。

总之，先从极其短小的作品中逐渐习惯"阅读完毕的感觉"，便能在一个个小小的突破中不断感受成功。

尝试利用闲暇时间从"青空文库"免费 App[1] 上阅读短篇小说

①选择"按篇幅量检索"　　　　②选择"5~10 分钟读完"

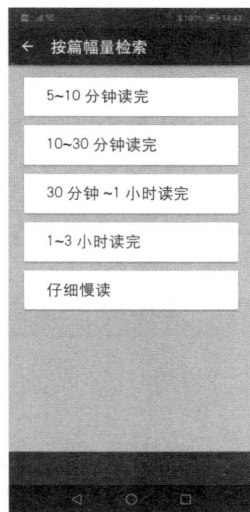

---

1. 文中为作者使用的日版 App，具体操作与应用以实际情况为准。

③选择合适的作品

按作品名检索

1 《斜阳》　　　　太宰治
　阅读时间：约 5 分钟
　发表日期：1999 年 08 月 20 日

2 《我能说》　　　　太宰治
　阅读时间：约 5 分钟
　发表日期：2005 年 11 月 11 日

3 《某个侦探》　　　　寺田寅彦
　阅读时间：约 5 分钟
　发表日期：2004 年 9 月 30 日

4 《淡岛寒月》　　　　幸田露伴
　阅读时间：约 5 分钟
　发表日期：2007 年 10 月 10 日

5 《秋日漫步》　　　　荻原朔太郎
　阅读时间：约 5 分钟
　发表日期：2001 年 10 月 11 日

④利用闲暇时间阅读

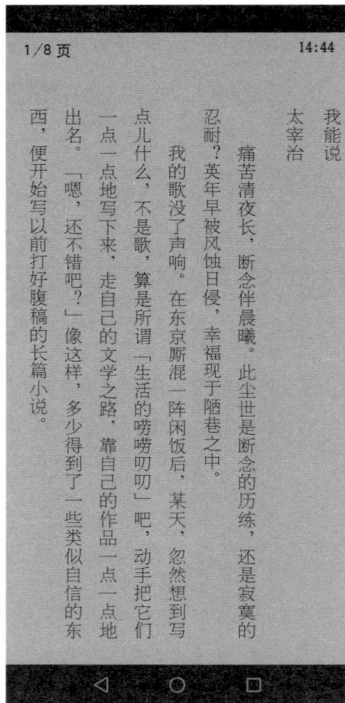

我能说
太宰治

痛苦清夜长，断念伴晨曦。此尘世是断念的历练，还是寂寞的忍耐？英年早被风蚀日侵，幸福现于陋巷之中。

我的歌没了声响。在东京斯混一阵闲饭后，某天，忽然想到写点儿什么，不是歌，算是所谓「生活的唠唠叨叨」吧，走自己的文学之路，靠自己的作品一点一点地出名。「嗯，还不错吧？」像这样，多少得到了一些类似自信的东西，便开始写以前打好腹稿的长篇小说。

时间决定阅读篇幅

或许有人会说："虽然篇幅量少了，但文学大师们的作品还是很难攻破。"那么，我建议你尝试阅读星新一的作品。

星新一是一位科幻小说家，他以"超短篇小说的第一人"而闻名。

他有一千多部作品留存于世，很多作品3分钟便能读完。篇幅虽短，但内容起伏跌宕，构思独出心裁，结局出乎意料，让人回味无穷。

除此之外，《两分钟的秘密》（*Two-Minute Mysteries*）[唐纳德 J. 索博尔（ Donald J.Sobol）著] 一书也值得一读。

这本书的每一节只占合页版面的左右两页，无须翻页，仅花2分钟便能阅读完毕。此时，便能实现"随时随地都能利用闲暇时间阅读了"。

阅读超短篇小说选集时，因里面的作品都是独立的，所以无须按顺序从头读到尾。

届时，你只需跟着自己的感觉走，想读哪个作品便读哪个。

读完的作品用笔做标记，有条不紊地读完全书即可。

像这样从阅读超短篇小说开始，逐渐养成读书习惯的方法，正如登山者挑战珠穆朗玛峰一样，从海拔低的地方开始攀爬，待身体完全适应后，再逐渐向更高的地方迈进。

按"**超短篇小说→短篇小说→中篇小说→长篇小说**"的顺序阅读并养成习惯，阅读长篇小说又有何难呢？

> **关键点：像挑战高山一样逐步挑战达长篇小说。**

《敲打声》（星新一著）中收录了15篇超短篇小说，每一篇超短篇小说的篇幅十分短小，正适合在地铁上阅读。

Two-Minute Mysteries
by Donald J. Sobol

全书共计71节，皆为猜谜——解谜的形式，你不妨挑战一下其中的谜题。

有声读物推动阅读

利用有声读物阅读的方法，我不仅要推荐给那些不善于阅读的人，同样也想推荐给喜欢阅读的人。因为有声读物会如一只无形的手，推动我们将书读到最后。

正如马拉松比赛中，会设定 3 小时或 4 小时的时间目标，在这个过程中就会有陪跑者引导参赛者跑到终点。

有声读物中的朗读声正如陪跑员一般，伴随读者读到最后。

这种方法不失为一种让人轻而易举就能读完一部长篇作品的捷径。

在过去，"盒式磁带书"和"CD 读物"较为常见，而近年来，人们可以从网上直接检索相关作品并下载其音频文件，这种操作便利的"有声读物"也越来越丰富。

将文件下载到手机中，便可在上班、上学的地铁上，或在咖啡厅里利用有声读物阅读。

为此，有声读物的大型出版商 Otobank 还对 10000 册商业读物及小说推出了每月仅需支付 750 日元的"无限阅读套餐"。此外，他们会根据不同主题列出相应的读书清单，为读者选择书籍提供了很大的便利。

利用有声读物读书和通常意义上的用眼浏览书籍稍有不同。书中情节可以通过耳朵而并非只通过眼睛进入人的大脑，更容易让大脑浮现作品影像，体验身临其境之感。

这和收听录音机有异曲同工之处。例如：若听到收音机中正在转播的棒球比赛中发出"筒香[1]本垒打！好球！好球！"时，脑海中便能立刻浮现球场情景及击球画面。

同样，从阅读有声读物中也能有此体验。通过声音和文章的完美结合，脑中可以浮现出肉眼看不到的画面，这种感觉会让人怦然心动。

在后面的第 84 页中也会讲道：朗读和音乐其实是相通的。

有言道："朗读就是通过念诵进行的一场演奏。"我们一边被这演奏声指引，一边用眼睛浏览，直至阅读完一本书，这可谓是体验阅读乐趣的最佳捷径了。

---

1. 日本著名棒球手筒香嘉智，以挥棒速度快而闻名。

有很多作品，通过边听朗读边阅读的方法，让人更容易理解原作。樋口一叶（其头像被印在 5000 元面额的日元纸币上）的代表作《青梅竹马》很好地验证了这一点。

一叶的文章特点是：有顿号但无句号分割全文，甚至对话的部分也无引号分割，所以有时很难猜出是谁在说话。

而这一点正好由朗读者所弥补，边听边读，文章立刻变得易于理解。

幸田弘子被称作"日本朗读第一人"，经她朗读的《青梅竹马》精妙入神，且能让读者轻易区分书中对话者。

关键点：朗读会陪伴读者读完全书。

朗读如一位领跑人指引读者跑完全程。

让读物尽在“意料之中”

　　为了读完一本书，阅读那些情节及结局都在意料之中的书也是一种方法。

　　所谓的意料之中，用较为抽象的语言解释的话，即被称作“预定的和谐”[1]。曾经电视中播放的古装历史剧《水户黄门》即为其中一例。

　　水户黄门和其手下佐佐木助三郎、渥美格之进周游各地并除恶济贫。每当剧情达到高潮之际，便是水户黄门向那些贪官污吏表明正身之时，此时他会拿出三叶葵纹的家徽高喊：“你没看到这个家徽吗？”一切剧情皆在意料之中。

---

1. 德国莱布尼茨的哲学理论，此处引申为如果故事按照人们预想的剧情发展，人们就不会产生惊讶、认知失调的感觉，情绪能始终保持平稳。

动漫《海螺小姐》《樱桃小丸子》的剧情亦是如此。

虽然熟悉的人物、相似的对话充斥着整部动漫，**但正因为这种"意料之中"反而让人感到安心，并且享受这份平静。**

我们总是提到"意料之中"，但仍有人无法想象出何为"意料之中的读物"。

用最简单的方法践行，便是阅读电影的原作。

若读者观影后阅读原作，因为已经知道故事情节，所以会不断推动他们继续阅读。这一点是毋庸置疑的。

观影后你可能有万般感慨，不由自主便走进书店买了原作，并来到最近的咖啡店，一边沉浸在观影后的余韵里，一边阅读原作。这时的氛围最好不过，不知不觉中一页页便被翻过。

也会有人质疑："都已经知道高潮部分和结局了，再读原作哪还有兴趣可言？"抱有这种疑问的人是万万体会不到阅读的乐趣所在的，他们只会认为享受完电影带来的乐趣便足矣。

欣赏原作的一个重要原因是原作里有丰富的"心理描写"，即：上场人物的心理活动。书（文章）中对心理描写的刻画往往凌驾于电影（影像）的描述之上。

事实也验证了这一点，很多人看完电影并读完原作后的一致感想是：更加喜欢里面的人物了。

"在那种情况下，主人公是何种心情呢？"

边想象边在书中寻求答案，便能进一步融入作者描绘的世界。

关键点：阅读故事情节和预想一致的书，读者更能细细品味。

掌握全书的高潮部分

在大学里，有时我会将《罪与罚》作为讲课题材。

《罪与罚》是俄国文豪陀思妥耶夫斯基的代表作，是一部被誉为世界名著的长篇小说。

原本打算让所有学生们读完后再讲课，但事实证明：学生们连书的一半都读不完。

因此，我在正式授课时，便对学生们说："我知道有人根本没读，可是担心也没有用，与其这样，就让我们从下卷的 506 页读起。"

"啊？可是基本都接近尾声了……"

我装作看不到学生们迷惑不解的样子，仍旧坚持让他们出声朗读，从 506 页开始往后读了 7~8 页。

出声朗读的部分也正是全书的高潮所在，即：小说的主人公拉斯柯尔尼科夫在杀人之后，向被迫成为妓女的索尼娅阐述了自己的杀人行径。索尼娅却如圣母般地对他说："我们一同遭受苦难，也一同挂十字架。"场面十分感人。

此处赞美了索尼娅能够接纳无药可救的杀人犯的高尚精神，着实感人肺腑。

出声朗读的学生们都完全沉浸在了感动之中。我当即便和学生们说道："现在，我宣布我们每个人都已读完了《罪与罚》。今后，你们可以和任何人说自己曾读过此书。我保证这么说绝无问题。若你们身边有人遭遇失败，你可以对他说：'别气馁，我能和你一同挂十字架。'"

朗读高潮部分本就是为了激发读者的读书欲，从而推动读者将全书从头读到尾。

出声朗读比默读更有助于细细品味原著。因此，我推荐大家出声朗读几页高潮部分后再从头读起。

默读也没有问题，但3年后你会忘记此书的大部门内容。但是，出声朗读的高潮部分就不同了，这种经历会让你铭记一生，也可以成为很好的谈资。

当你去国外旅行，漫步在这座城市最美的地方，回来你便可以说"我去过这个城市"。

而出声朗读就像"漫步"，默读就好比"乘车旅行"，其差异可见一斑。

关键点：只读高潮部分就可以当作读完了全书。

第一章

开启高效阅读的触发器

攻破自己擅长的类别

为了读完一本书，相较于"如何阅读"，很多人"不知阅读什么"。

所以，何不尝试从感兴趣的类别入手呢？

具体而言，你可以尝试选择"抱有兴趣且类别熟悉"的书及"虽类别不熟悉但抱有兴趣"的书。

毋庸置疑的是，如果选择"抱有兴趣且类别熟悉"的书，读完一本书的可能性较高。因为已经具备基本的知识储备，所以读起来不费劲，也拥有了想汲取更多知识的求知欲。

我本人非常喜欢看足球比赛，所以和我一样对足球抱有兴趣且熟悉足球的人，可以尝试首选与足球相关的书籍。

例如《马拉多纳自传：我的世界杯》[*Touched By God : How We Won the Mexico '86 World Cup*，迭戈·马拉多纳（Diego Maradona）著]等这类书虽然厚重，但简单易懂。

对于那些"不擅长阅读小说却喜欢赛马"的人来说，可以选择英国小说家迪克•弗朗西斯（Dick Francis，原障碍赛马选手）以赛马为主题的高质量作品。如《兴奋》（*For Kicks*）、《本命》（*Dead Cert*）、《朗肖特》（*Odds Against*）等。

但是，一味选择熟知的类别是无法扩展知识面及思考广度的。所以，请务必挑战一下"对类别虽不熟悉但抱有兴趣"的书籍哦！

例如那些"虽然不熟悉历史却对历史感兴趣"的人，可以尝试阅读历史书籍。

历史涉及诸多方面。可将日本历史分割为"战国时代"（1467~1585 年或 1615 年）、"幕府末期"（1192~1867 年）等时代，将自己最感兴趣的时代作为切入点选择书籍。

可以选择历史丛书里的系列小说，也可选择特定题目的新作品。提起容易接受的历史小说，可选择已拍成电影的《木头人之城》（和田龙著）或者《超高速！参勤交代归来》（土桥章宏著）。新书的话，可以选择最近畅销的《信长为何被埋葬》（安部龙太郎著）、《不死之身的特工兵》（鸿上尚史著）等（已被翻拍为电影的书籍，先观影再阅读也无妨）。

万事开头难，在读第一本书时，可能有人会觉得难度稍高，但若抱有兴趣的话，或许就会感到出乎意料的惊喜。

待习惯之后，从"抱有兴趣且类别熟悉"的书及"虽类别不熟悉但抱有兴趣"的书中各选 3 个。

也可以从与自己息息相关的"工作""家庭""兴趣"中选择感兴趣的类别。

若选择和"工作"相关的书籍，可以从自己较为关心的方面入手。例如：有人想提升自己的管理能力，还有人想学习会计学，那么寻找这些方面的书籍即可。

不管怎样，请抱有"失败也无妨"的想法。你可以比别人晚读书，但不需要有任何罪恶感。

阻碍读完一本书的最大绊脚石就是压力。

有时，我们发现一本心仪的书籍，满怀欣喜地认为"就是它"，但开始阅读后才发现此书枯燥乏味，并非自己喜欢的风格。我也会遇到这种情况。不可否认，这既浪费时间又浪费金钱，但也并非百害而无一利。

虽然失败了，但是提升了购买自己喜欢书籍的"敏锐度"。

这不仅对书籍的选择方面大有裨益，更是在体验成功与失败的过程中让自身变得"心有余裕"。

> **关键点：先攻破自己擅长的类别。**

选择感兴趣的作者

虽然前文提到"可以选择感兴趣的类别",但也会有人对此方法毫无头绪、不知所措。

既然这样,我们就换一个角度:选择你感兴趣的作者。

试想一下,有没有这样一位作者能让你抱有诸如"如果是他讲的话,我想听一下""这个人看上去很有趣啊"的想法。

就拿池上彰举例。若日本有"最受欢迎解说家排行榜",那么池上彰必定会稳居第一。

不论是多么复杂难懂的政治或经济话题,池上彰总能轻松应对,并带着浓厚的兴趣给大家愉快地讲解。

池上彰的书籍之所以十分畅销,也归功于他通过电视节目的表现,得到了众人的信任,给人以安心感。

关于政治话题，某些大学的学者们也曾出过书，但总感觉晦涩难懂。而池上彰的解说简单易懂，更容易让人接受。

因为深知池上彰解说时的语气及风格，所以读者阅读其书时脑海中便会浮现他的身影，读起来也容易了很多。

因此通过电视节目，我们更容易找到自己感兴趣的作者。

"我每天都在看《半泽直树》和《下町火箭》，却不知这些电视剧的原作者居然是小说家池井户润。""作为搞笑艺人并出演《雨后脱口秀》的若林正恭居然一直在写书。"

既然对他们感兴趣，何不买来一本他们的书尝试读一下呢？

待习惯之后，请选择你所感兴趣的 3 位作者。

我有一个学生，他在上中学时，他的父亲因看了一档教育节目，随后便买了相关书籍在家阅读，而这名学生也受到父亲的感染，怀抱兴趣开始了阅读之旅。

像这样的间接影响在生活中随处可见。其实日常生活中还有很多触发我们开始阅读的开关，也必定会结出丰硕的果实。

关键点：通过电视节目选择书籍。

让读书履历可视化

当找到了想阅读的"类别"或"作者"，或许你就会说"接下来，我要立即去书店"。但是，在此之前，我想让你准备一样东西，那就是：书架。

有了属于自己的书架，便拥有了"开启阅读之旅的触发器"。

有这样一名小学生，其家里处处能看到书架，就连走廊和卫生间都摆满了书籍。在这种环境下，终于有一天他翻开了某本书籍，也自然而然地爱上了阅读。自上小学起，其身影便遍布图书馆的每一个角落。

若我的学生说："老师，我家没有书架。"那么我会建议他们先买一个。从雅虎竞拍（Yahoo auction）及 Mercari 二手交易平台上就可以买到价格便宜的二手书架。

有些学生在我的建议下买了书架后，兴奋地和我说："老师，我的书架正逐渐摆满书籍！"

而我本人，从上大学开始便立志要多读书，每年要增加一个书架，一直践行至今日。

此外，我还建议我的学生们**在书架上摆放陀思妥耶夫斯基的《罪与罚》，不阅读也无妨**。

这世间，有的家庭在其书架上摆放了《罪与罚》，有的家庭则没有。而那些书架上摆放了《罪与罚》的家庭，即使未读过此书，也会显得格调高、有家庭文化素养吧。

为了提升日本的文化水平，我决定让学生们在书架上摆放《罪与罚》。

顺便说一下我家里的书架。它与一般书架不同，属于纵深型。在里侧放置单行本，外侧则放置体积较小的丛书 [1]。这样一来，不仅有效利用了空间，也不会遮挡到内侧的书籍。

只需大概看一眼自己书架上的书目，便知自己对什么领域感兴趣，也唤起了当时阅读这些书籍的记忆。

像这般通过书架将自己的读书履历"可视化"，可一步步开启阅读之旅的触发器。并且，这进一步激发了自己将书架填满的动力。

---

1. 日本的丛书一般体积较小，便于携带。

关键点：通过将书籍放置于书架上，开启阅读之旅的触发器。

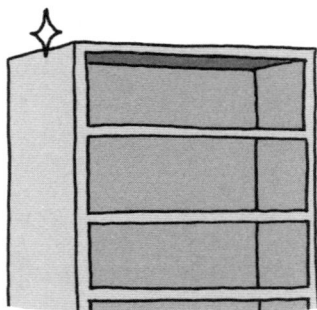

不论如何，先买书架。

只需看着书架，自己的
内心世界便随之丰富起来。

逐渐开启阅读
之旅的触发器。

逐渐将书架填满。

去买书。

寻找"丛书"和"新书"

现如今，可以从亚马逊等网上书店购买书籍了，随之街边书店的数量较 20 年前减少了将近一半。

尽管如此，我个人还是推荐大家从街边的书店购买书籍。

并且，先去陈列"丛书"和"新书"的角落。因为这些书籍价位均在几百日元，相对比较便宜，即使购买到了不喜欢的书，也不会太心疼自己的钱包。

在这里，我特别要推荐丛书类。丛书里不乏类似于历史小说的新作品。一般单行本在发行后并实现一定程度的销售，都会在数月或数年后被文库化。

虽然并非所有的单行本都会被丛书化，但是丛书里的作品都是优胜劣汰后的佳作，所以购买丛书还是物超所值的。

此外，建议你多留意平铺在销售台上的书籍。

比起那些摆在书架上只能看到书脊的书本，平铺放置的书籍是"销量不错"或"店员想卖掉的书籍"。

也就是说，这些书籍很可能是被大众认可并被选择的书籍。

所以，你可以大概浏览一遍平铺陈列的书籍，观其封面，拿起一见钟情的书籍。

大概翻几页，若正合心意，便将它买下来。

简单来讲，凭直觉选择书籍十分关键。若抱有"我要从平铺摆放的 10 本书中选择 1 本"的想法，更容易找到符合自己心意的书籍。

对于那些不相信自己眼光的人来说，不妨翻开书的最后一页。这页被称作"版权页"[1]，印有本书的发行年月日等。

选择那些多年前便出版，并增印多次的书籍（例如：印有增印第 5 版等文字）。

这些书籍虽历经时代的洗练，却仍能长期畅销。所以，其质量不会太差，可放心购买。

像这般将陈列"丛书"和"新书"的角落浏览一遍，虽然书店规模不尽相同，但应该会发现 3~5 本心仪的书籍。你可以全部买下，也可精挑细选其中的 1 本。

关键点：从平铺摆放的书籍中选择你所感兴趣的书籍。

---

1. 每本书的情况不一致，版权页位置也因此不同。读者应以实际情况为准。

深刻接触实体书

谈起街边书店的优点，不仅可让人漫步于书的世界中，还会让你"偶遇"那些你原本不会选择的书籍以及预想之外的书籍。

像亚马逊这样的网上书店会根据浏览量及购买历史推荐相关书籍，出现"购买此书的读者同时关注了这些书籍"的提示。

当然我也会以此作为参考。但是在陈列着那些看似自己会毫无兴趣以及其他种类繁多的书籍的实体店，可能会有意想不到的收获。

漫步书店好像一场"寻找知识宝藏的旅行"。**你会找到"自己所感兴趣的领域"，并不断扩大自己的兴趣爱好。**

书店不同，其畅销书、店员推荐的书籍及书的陈列方法皆不同。

事实证明，若你经常驻足于各个书店并将其进行比较的话，你会有各种新发现。

商业街的书店就和设于经常有亲子光顾的"永旺"等大型商城的书店不同，不论是陈列书籍、畅销书籍，还是推荐书目都有差异。

甚至同样位于市中心商业街的不同书店都有很大差异。例如"丸善书店·丸之内本店"和"纪伊国屋书店·大手町商场店"之间步行仅需要 5~6 分钟，但是其畅销书籍、推荐书籍的陈列方法却大相径庭。

有人会说："网上书店没有陈列书籍的场所，可以说其是'无限空间'，而实体书店受面积限制，属于'有限空间'，不利于备货。"

这一点的确不可否认。但从另一个角度想，读者在实体书店其实拥有更多选择权。

我个人的感觉是：**读者去实体书店可以和书亲密接触，对书的印象更为深刻。**

有时我会想书店可以收取些门票费，这样一来，只要在店里转一转就觉得意义非凡了。当然，这只是和大家开个玩笑。

当然，通过网上书店也能遇到那些已被标注阅览次数和购买数量的未知书籍。

我认为没有孰好孰坏之分。

只是希望大家能够充分利用两者的优势，在利用电脑和手机访问网上书店的同时，也能前往实体书店。

关键点：享受去实体书店带来的偶遇。

"最畅销"引起共鸣

若实在不知阅读什么，购买最畅销的书籍是一种有效的方法。

很简单，你可以用"因为大家都在阅读此书"的理由说服自己。

更重要的理由是：接触流行事物，能够更容易融入大家的谈话中。

以最畅销的书籍作为闲聊时的素材，是令人非常轻松愉快的。

我本人也不例外。为了紧跟时代潮流，2016 年《新哥斯拉》《你的名字》火热上映时，我也去了电影院。

我并不喜欢哥斯拉，也不喜欢其动画情节，但因电影正值热映之际并且身边大多数人都在观看，所以我立刻去了电影院。

早在 2014 年《冰雪奇缘》热映之际，我也去了电影院。虽然感觉这部电影更适合孩子们，但因其备受欢迎，也就成了自己观影的唯一理由。

有趣的是人们因这部电影有了共同话题。不论是学生还是成人，不论性别与年龄，甚至连陌生人之间都因此部电影交谈甚欢，其影响力十分惊人。

同样，最畅销的书籍也有此魔力，只要知道此书的大概内容，便可以在学校、职场、商业谈判的闲聊中派上用场。

"你读那本书了吗？"

"读了读了，不就是红色封皮的那本书嘛！"

"对，就是它！"

简单的交谈便使双方有了共鸣。总而言之，阅读最畅销的书籍不会带来损失。

但不可否认，最畅销的书籍不一定就是好书。"那为何此书如此畅销呢？"请你抱着这个疑问边思考边阅读，再将自己得出的结论告诉他人，这样你便会拥有很好的思考力及读完全书的能力。

关键点：让最畅销的书籍成为你闲谈的素材。

封面激励人心

因钟爱书籍或 CD 的封皮而进行购买也是不错的选择。

以偶遇未知的题材为契机，可以让自己对更多的事物抱有好奇心。

犹记得那还是 2007 年的事，《死亡笔记》的漫画家小畑健为太宰治所著的《人间失格》设计了封面。直接导致 3 个月内《人间失格》突破 100000 册的销售奇迹。当时，我问学生们："有谁购买了这个封面的书？"举手人数之多超乎我的想象，所以至今记忆犹新。

《人间失格》的作者在去世 50 年后，其著作权便会失效。后来此书被收录在了青空文库，不用花钱也能从中免费阅读。

《人间失格》也被集英社以外的出版社刊印，所以有的学生虽然已经购买了此书，但会因封面设计再买一本。甚至有的学生对《人间失格》或太宰治毫无兴趣，只因封面插图而购买。

这些都是小畑健的插图带来的影响力。

小畑健设计的封面中，有一个身着学生服的男子，被人们认为是《死亡笔记》的主人公，他面露微笑，毫无惧色地坐在那里。十分贴切地表现了《人间失格》主人公的阴暗与邪恶。

这一封面不断冲击着读者的大脑，引领读者走进书的世界。

封面设计固然重要，书中的插图也十分关键。

若一味阅读满是文字的书，很容易疲劳。因为一边阅读一边随着书中情节去幻想，大脑一直在思考。

但是插图可以帮助我们想象。

例如曾经出版的《少年少女世界文学全集》系列中，各种插图就恰到好处地激发了读者的想象力。很多人看着插图脑海中就不由浮现故事情节。

《创元推理丛书》中的江户川乱步系列，其插图也让人回味无穷。

"这幅插图很耐人寻味！"

"感觉只看插图自己就被治愈了！"

因这些理由而购买书籍并非误入歧途，反而大大增加了读完一本书的可能性。

关键点：对封面设计感兴趣的话，就买下它吧。

第二章

推动高效阅读的源动力

目录：检验书中能量

本章我们继续探究选择书籍的方法。

漫步书店，在平铺放置的书中，若有书名或封皮吸引到你，不妨打开其目录。

目录犹如整本书的设计图，也可以说是浓缩全书的构造图。

为了引起读者的兴趣，编者一般会用亲和易懂的语言完成目录编制。

大概浏览目录，若有哪一条正合心意，请买下此书，你不会因此举遭受损失。

进而言之，如果发现能够促使自身进步、能成为自身谈资的条目时，请果断购买。

相反，若书籍目录给人以难以接近的感觉，很可能是作者的话不易理解，或者编辑不擅整理书中内容。

这样的书即使继续阅读，读者很可能会中途受挫，并归责于作者或编辑，所以提前收手吧。

最近的书籍，尤其是具有启发性和实用性的书籍，其目录信息性很强。从目录中就能看出作者和编辑的满腔热情。

此外，通过目录就能对全书内容、全书深度、作者主张一目了然。

当然，不可否认，的确存在目录标新立异，实则华而不实的情况。但是一般情况下，通过阅读目录能更容易判断此书是否适合自己。

自成为一名学者以来，我深知学者分为两种：一种能将难以理解的知识用浅显易懂的语言表达出来；另一种则是不论难以理解还是简单易懂，经其表述仍晦涩难懂。

对于那些初出茅庐的学生们，想逞强写出难以理解的文章，我们可以认为这群孩子天真可爱。但是作为指导学生们的学者来说，一味地按照自己的意识写文章，内容晦涩难懂也置若罔闻，那么只能说这部分学者失职。

很多时候，学者们认为顺理成章的知识点对于读者来说却晦涩难懂。

不论书的内容如何优秀，若不能传达给读者便毫无意义。

所以，若从目录就能看出这一点的话，那么请果断拒绝购买。

一部分作者能用简洁明了的语言描述事物。那些对于读者来说很难的课题，只需看一眼这些作者编写的目录便会豁然开朗。

那么，这部分书肯定值得购买。

关键点：用目录检验书中蕴藏的能量。

目录是一本书浓缩后的精华。好的目录能够将书的内容简单明了地呈现于人，一本真正具备实力的书籍能够将晦涩难懂的内容简单明了地呈现给大家。

作者、编辑的热情。

易于理解。

目录

第一章

前言：掌控全书内容

选择书籍的时候，除了着眼于"书名"和"目录"，也可从"前言"入手。

在著作正文之前都会有前言，而前言可谓吸引读者眼球的关键。

优秀的前言带有些许结论性的气息。一般会在前言部分阐明作者想表达的观点，以及因何种目的编写本书。

一本好书绝不会拖泥带水。

只阅读前言便让读者豁然开朗的就是好书。

之后，随着不断阅读，有趣的内容也不断呈现于读者面前。这样内涵丰富的书才是好书。

前言部分十分仓促的书籍是糟糕的。

每当我阅读那些不知所云的前言时都十分焦躁。而这些前言往往都在鼓吹"接下来，会让大家读到十分有趣的内容"。

我在大学的课堂讨论中，要求学生们"对某本书进行 15 秒的评论"。当我提出要求后并未留给大家思考的时间，只经过 3 秒我便和大家说："好，现在开始发言。"因为我觉得拖泥带水并不好。

而学生们的回答基本都是"这本书非常有趣""这本书非常好"，让人觉得冠冕堂皇。所以事实证明，若一本书的前言让人云里雾里，不向读者传达本书想表达的内容，那么即使继续阅读，多数情况下仍会让人摸不着头脑。

不仅是文学作品，实用性书籍或教育类等书籍也一样，能直截了当地向读者传达主要内容为最佳。与此同时，除前言部分，若封面书名或书籍腰封上能体现结论性语言也甚是理想。

我本人也写书，很多书一看书名读者就知道大概内容。

例如：《心情不好也是罪》《"脑子聪明"就是思维文脉清晰的体现》《发出声音读日文》《这样的朋友不交也罢》等，看书名便知本书想表达的观点，我认为这些书的题目都不错。我写书的初衷就是让读者读完后不觉得吃亏。

本书的书名也是直截了当地说明了本书的主要内容。正如后文的第 58 页所述：写书最好"开门见山"。

关键点：若一本书的前言部分让你对全书内容有所掌握，那么请买下它。

3 行文字：让人下定决心

一些书籍或许会给你选书带来一些启示，下面给大家做简单介绍。

《JOJO 的奇妙冒险》是由漫画家荒木飞吕彦所著，又名《荒木飞吕彦的漫画术》。接下来向大家公开一些荒木在创作历程中的秘密。

荒木立志 16 岁成为一名漫画家，为此孜孜不倦地应征各类新人奖项，却屡次受挫。

在那段时间，荒木最害怕的便是：自己呕心沥血完成的漫画，到编辑那里只看了第 1 页便被淘汰。

因为他认为编辑每天都会收到投稿，所以应该只会根据第 1 页进行判断。若真如此，那些被淘汰的原稿被原封不动退回后，对漫画家来说便是沉重的打击。

因此，荒木对正在售卖的漫画首页进行了彻底分析，不断思考如何让作品从第1页开始就惹人注目。

最终，荒木得出了如下结论，

首页的"绘画""题目""台词"至为关键。有趣的漫画一般具有以下特点：绘画给人些许冲击感，题目让人兴趣盎然，台词直击心灵深处。

不仅是漫画，对于小说以及实用性书籍来说，文章开端便扣人心弦也是十分重要的。

有趣的书籍，其第1页的代入感是很强的。

让我们来看下面的文章。

我要禀告了，要禀告了。我的主人。那个人太残忍，太残忍。是的，那个讨人厌的家伙，罪恶的人。啊，简直无法忍受，不能让他活下去了。是的，是的，我在很平静地申诉，绝不能让那个人活下去，他是这个世界的仇敌。是的，不论什么，一切，全部，我要全部都说出来。

这个开头如何？以"我要禀告了，要禀告了"激起读者强烈的好奇心，让读者想一探究竟，紧张的气氛给人以无形的压迫感。

紧接着，"简直无法忍受""不能让他活下去了""他是这个世界的仇敌"等一系列慌张不已的台词不禁让读者联想："怎么回事？到底发生了什么？"

有这样的开头，必然会吸引读者读下去吧！

这部分文章是太宰治《越级申诉》的开头部分。

太宰治很善于写短篇小说。"提起太宰治，总觉得他的作品晦涩难懂。但看起来很有趣啊。"若有人能这样想，我会很开心。

具有"不善于读书"意识的人，在读书初始就容易受挫。

为避免发生这种情况，在参考"书名""目录""前言"的同时，**建议阅读首页内容，3 行即可，若觉得有趣再购买。**

有代入感的开头正如具备电动助力功能的自行车。即使不施加任何外力，从迈出的第一步开始，这种代入感便让读者不由自主地向后翻页。

关键点：利用开头部分发现有趣的书。

尾声：深入作者内心

至此，前文已叙述了"书名"、"目录"、"前言"、文章开头等部分内容。但是也有人从"尾声"开始阅读书籍。

很多著作的尾声都记述了作者的个人想法。

例如"为什么要写此书""写作中途抱有何种想法""写完后又有何感受"等，也就是"闲话家常"。

因为能从尾声感到些许人情味，所以那些从尾声开始阅读的读者也是值得理解的。

我在奔赴战场之际，将此原稿托付给了朋友。

犹记得当时看到此尾声时，我不由正襟危坐，随后开始阅读。

这句话引自《日本政治思想史研究》（丸山真男著）的尾声部分。

若有人无法接受"将我的一生奉献给了这项研究"这样的语句，那么请务必读完尾声部分，阅读能和作者达成共鸣的书籍。

有时和作者达成"共鸣"会成为读完一本书的原动力。

提起达成共鸣，曾经的一段往事仍历历在目。《大汉和辞典》（诸桥辙次）是世界最大的汉和辞典。而诸桥先生在本书的尾声部分写道：

因一场重大火灾烧毁了所有的资料，而我半生的事业也随之化为虚有。

"资料被烧毁？不会吧！"

虽然是他人之事，但也让我一阵眩晕。想起自己曾经在翻译一本英文书时，电脑系统突然崩溃，翻译原稿也付诸东流的往事。

至今思及此，仍觉得是一次恐怖经历，所以我十分理解诸桥先生的心情。

像这般通过"闲话家常"激起读者的内心涌现对作者的亲近感，可以激发读书的欲望，所以不妨从"尾声"开始阅读。

在尾声部分有时会交代写作地点，如"在维也纳的一家旅馆""我在去往佛罗伦萨的途中写作"等。

或许你会有些许不耐烦，但是对作者千辛万苦完成一本书抱有敬意并欣然接受，这何尝不是一种成人的度量呢！

> **关键点：若从阅读"尾声部分"涌现对作者的亲近感，不妨尝试继续阅读。**

书籍概要： 提炼概括能力

现如今，忙碌的生活让人们无暇读书，所以很多人希望能够阅读提炼压缩后的书籍。为了满足这种需求，"书籍概要网站"便应运而生并不断升级进化。

例如，网站 flier 就在销售"10 分钟完成阅读"系列，介绍商业类书籍以及教育类书籍。

很多情况下，由经营顾问或作家编写的概要，读者只需 3 分钟就能了解一本书。而且摘要内容也经过了反复审核确认，所以其质量是有所保障的。

这些网站似乎很受商业人士的青睐。因为只需通过手机或平板在上下班或休息时间抽空阅读，就能在商业会谈或会议中制造话题。

可参考的书籍概要网站

"flier"

10 分钟读完一本商业书籍的网站

www.flierinc.com

"美女读书"

作家归纳压缩商业书籍的网站

bijodoku.com

"BOOK-SMART"

商业人士归纳压缩商业书籍的网站

book-smart.jp

"bizpow"

3 分钟读完备受热议的商业书籍的网站

bizpow.bizocean.jp/category/review

"bukupe"

从书的要点或汇总部分寻找想要阅读的书籍的网站

bukupe.com

若有喜欢的书，读者可直接从当前链接下的网上书店购买。所以，若书籍概要成功激发了你的兴趣，便可直接购买了。

虽然书籍概要网站带来了便利，但希望大家注意以下几点。

首先，不要认为只读了概要便对全书了如指掌了。"阅读概要"和"阅读完全书"是不能同日而语的。事实上，读者在阅读完全书后，有时会产生不同的感悟，而且非主要情节也经常感人至深。

其次，若过分依赖概要介绍，自身的"概要汇总能力"便会不断衰退，可谓得不偿失。

我在大学的授课中，有时会让学生们以"1分钟介绍你读过的书"为课题。

因为我深知若提前日复一日地锻炼学生们概要汇总的能力，定能在他们迈入社会后发挥作用。

希望大家在利用书籍概要网站购买书的同时，参考其概要、学习其汇总的精髓。

"原来如此，这样说明的话就简单多了。"

"这种呈现方式开会中也能用到。"

像上述这样，若将作者换成自己，一边思考应如何汇总一边阅读的话，会进一步提升自身的概括能力。

大家不妨将自己汇总的概要和专业人士的汇总进行对比，看专业人士究竟省略了哪部分内容，又着重对哪部分内容进行了概括。

关键点：充分利用书籍概要网站的"概括能力"。

和读书相关的 Q & A

Q：最近 1 个月你花了多少钱买书？

A：一半以上在 2000 日元以下。

（调查人数：730 人）

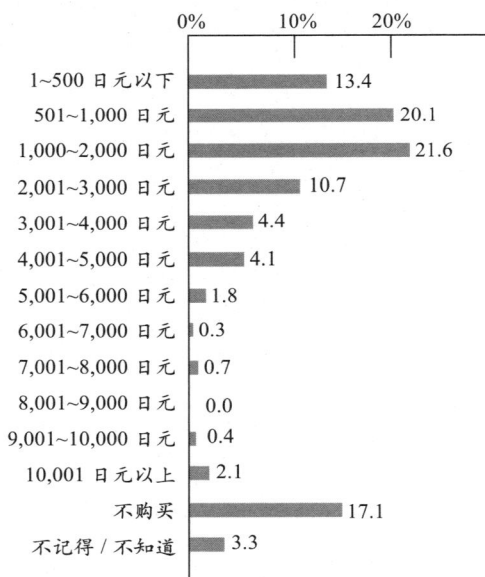

	%
1~500 日元以下	13.4
501~1,000 日元	20.1
1,000~2,000 日元	21.6
2,001~3,000 日元	10.7
3,001~4,000 日元	4.4
4,001~5,000 日元	4.1
5,001~6,000 日元	1.8
6,001~7,000 日元	0.3
7,001~8,000 日元	0.7
8,001~9,000 日元	0.0
9,001~10,000 日元	0.4
10,001 日元以上	2.1
不购买	17.1
不记得 / 不知道	3.3

引自：乐天洞察（Rakuten Insight）

*从登陆乐天洞察的约 2300000 人中，抽取部分 20~60 岁的男女进行调查，调查结果包含各种书籍形态（包含纸质书籍、电子书籍等）。

第三章

决定高效阅读的关键行动

不可忽视的 10 分钟浏览

读书兴致的最好之时莫过于购书当日。因为"想看书"所以才买书，这一点是毋庸置疑的。

一旦抱有"改天再读吧"的想法，那便错过了最佳时机。

就拿我来说，不会突然想阅读放置已久的书。

所以买书当日便是读书之日。

当然，不排除因忙碌，无暇阅读已购买书籍的情况。这个时候，**可以花 10 分钟大概浏览书籍内容。只有做好准备工作，今后再想重读时才能阔步向前。**

不论多忙，总能抽出 10 分钟吧。例如，可以在下班或放学后的地铁上阅读。而且，最近开设咖啡店的书屋越来越多，买完书后可直接在咖啡店内读书。

本书的第 82 页还会提到，买完饮品找位子坐下后，立刻拿出书来，一边翻页一边浏览大概内容。

这正如去市场买了新鲜的鱼，如果一直放在那里便会腐烂，所以趁着新鲜清理掉内脏，片好后晾干，也便于之后享受美味。

读书和做鱼其实是同一个道理，需要趁热打铁。 提前大致浏览书籍内容，好歹也能觉得自己读完了一本书。

有在意的地方，画线做标识也很关键。 尤其在书的中间或后半部分做了标识的话，"这本书已阅读完毕"的感觉会愈发强烈。

现如今，身边到处是连锁咖啡店。罗多伦（Doutor）的小杯混合咖啡只需 220 日元，即便在星巴克（Stanbucks），小杯的滴滤咖啡也才 300 日元左右，所以去咖啡店读书是一项性价比极高的自我投资。

关键点：买完书后立刻用10分钟浏览书籍内容。

买书。

大致确认一下
书籍内容。

和做鱼道理相同。

有在意的
地方，画线做
标识。

事先将鱼切好后，
便可随时享受美味。

打破常规的阅读顺序

"一定要从首页开始阅读"的想法是让读书变得枯燥乏味的一个因素。更进一步讲，很多书的整体结构（目录）并非完美无瑕，还是有稍微欠缺魅力的地方。所以有的书不必按顺序从头开始阅读。

例如：有的书虽然以"消除肩部酸痛"为主题，但第 1 章会长篇大论地叙述"引起肩部酸痛的原因"。但读者最想看到的是第 3 章叙述的"消除肩膀酸痛的伸展肌肉疗法"，所以前面的铺垫太过冗长。

我也有过类似体验。曾有几次我在写完一本书后，又向编辑提出"想交换第 1 章、第 2 章和第 3 章、第 4 章的位置"等建议。因为我想把最想表述的内容放到书的开始部分。

因为我会思考"如何让读者读完我的书能产生满足感"，所以"开门见山"不是很好吗？

但是有很多书喜欢"深藏不露"，总是将重要的内容藏起来。这也是让读书变得枯燥乏味的一个因素。

有些散文集或者论文集是将各个时期的文章汇集起来编撰而成的。

对于那些按时间顺序编撰的书籍，若想知道作者的最新见解，最佳捷径就是倒着阅读。

所以，索性就不要按顺序从头读到尾了。若抱有"从哪儿开始阅读都可以"的想法，便会如释重负，也能更加快乐的阅读。

我个人的感觉是，很多时候从第3章附近开始阅读会轻松很多。

对于故事性的小说不用从头开始阅读（请参照第 16 页）。

如果把一本书比作怀石料理[1]，那么就可以先品尝自己喜欢的食物。若被要求从第一道菜开始品尝的话，那么这道菜就会变得索然无味，自己也会抗拒。

有时根据情况，从"尾声"或"最终章"倒着阅读至"序言"或"第 1 章"反而更有效。

事实也证明，有很多书倒着阅读更容易被理解。

关键点：阅读时不用按顺序从头读到尾。

---

1. 在日本，主人请客人品尝的饭菜。

寻找 3 个闪光点

若一边想着"今后要给他人讲述书中内容"一边阅读的话，自然而然就能记住书中内容了。

一边"输入"（阅读），一边有意识的"输出"（讲述）为最佳。

以向他人讲述书中内容为目的，能提升我们抓住故事主要情节的敏感度，也能更加集中注意力阅读书籍。

因此，请打破"不抓重点，从头读到尾"的固有思维。为了向他人讲述，要具备"抓重点"的意识。

我亦如此，我认为只要脑海里能残存 30% 的内容就很不错了。

带着这种意识阅读会让人轻松愉悦，事实证明，越是无负担越能记住更多的内容。

阅读完全书后，在向他人讲述之际，若能提前找到 3 个闪光点则是最好不过的。例如，能说出 3 点本书"哪里有趣以及怎么有趣"。

本书的比喻之处可谓是妙笔生辉。例如……

挖掘人性的语句很值得深思。例如……

对食物的描写让人垂涎欲滴。例如……

请想象一下相机的三脚架，3 根脚架的距离恰到好处才能保持稳定。

在挑选 3 个闪光点的时候亦如此，从书的前半部分、中间和后半部分各挑选一个。在平衡全书的基础上实现更好的讲述。

闪光点数量虽少，但浓缩了全书的精华。

而听你讲述的人也能根据这 3 点判断此书是否值得一读。

关键点：找3个点讲述书籍内容。

一边想着"今后要给他人讲述书中内容"一边阅读。

从书的前半部分、中间和后半部分各挑选一点。

最终实现对全书的整体叙述。

设定时间，集中精力

我有时会要求自己"30 分钟读完一本书"。对于那些比较薄的书来说，30 分钟足矣。

所谓"30 分钟读完一本书"，这种感觉仿佛手持探照灯阅读，灯光聚焦于每一行的每一个字，但只阅读吸引自己眼球的部分。

有时不能读完一本书的原因是：不给读书设定期限。

这样一来，便觉得"什么时候阅读都行"，越这样想越拿不起书。反之，若限定了时间，更能提升"集中精力阅读"的意识。

我第一次挑战 30 分钟读完一本书，源于下面一段经历。

2004 年 1 月，某出版社想对我所在的大学研究室进行电话采访。

采访内容是：想听取我对刚决定下来的第 130 回芥川赏获奖

作品《蛇信与舌环》（金原瞳著）和《欠踹的背影》（绵矢莉莎著）的个人感想。

很不凑巧，这两本书我都没读过，但贸然拒绝又显失礼。于是，我灵机一动，在电话这端回复道："不好意思，我现在有事脱不开身，1个小时后您再打来好吗？"

幸运的是，大学里设有书店。我一路小跑到书店买了这两本书。之后立刻回到研究室，各花了30分钟读完了这两本书。最后，泰然自若地接受了记者的采访，表达了自己的阅读感受。

《欠踹的背影》大概140页，《蛇信与舌环》大概120页，索性这两本书页数不多，才能让我在短时间内读完。但是可能有人会质疑，30分钟读完一本书还要附加评论是否有些敷衍了事。

但是，即使花几个小时精读，恐怕我的个人评论还是会如出一辙。

即使面对初次见面的陌生人，只要交谈30分钟就能对此人有所了解。在这30分钟内，凭个人直觉留下的基本印象，即使花再长时间接触也很难改变吧！

> **关键点：设定时间，集中精力阅读吧。**

直觉判断"怦然心动"

接下来具体说玥"30 分钟读完一本书"的阅读方法。

最基本的原则是：无论如何将每一页都浏览一遍。

但在浏览时，并不是无差别地阅读每一页，而是需要张弛有度。

阅读时，感觉某页和自己"无缘"时，大可只花 3 秒一览而过。若某一页让自己心动，感觉"有缘"时，便可放慢速度，花 30 秒细细品味。

说起"缘分"这类词，属于精神层面的词语。但不可否认，它能让我们的感觉更敏感，凭直觉做出判断。

在阅读时感受到的"缘分"也可称之为"怦然心动"。**对于读书来说，自己能意识到何为怦然心动的感觉十分重要。**

2011 年出版的《怦然心动的人生整理魔法》（近藤麻理惠著）在国内外大为畅销。

本书提倡：收拾物品时，根据这些物品是否还会让自己"怦然心动"来判断是否丢弃。我认为它同样适用于读书。

翻页时若感到怦然心动，那便是有缘，可以慢慢品阅。若没有心动的感觉，便无缘，可一览而过。像这样依赖于个人直觉，便可张弛有度地阅读了。

很多时候，我们并非只为了探求知识而阅读。像这般"啊，太精彩了""对对，就是这样""原来是这样啊"是为了寻求知识与心灵的共鸣。

心怀求知欲，寻找让自己怦然心动的内容，那么，张弛有度地读完一本书并非难事。

关键点：边用直觉判断是否"怦然心动"边读书。

感觉某页和自己"无缘"时，大可只花3秒一览而过。

若某一页让自己心动，感觉"有缘"时，便可放慢速度，花30秒细细品味。

心动！

击退烦躁的节奏感

我所从事的职业与读书息息相关，上至长篇著作，下至近期畅销佳作，我都有涉猎。

但即便是我，在阅读那些满是文字、字体又小的长篇或专业书籍时，有时也顿生厌烦之感。

不论是名著，还是文笔极佳的作品，若映入眼帘的都是满满的文字，即使是阅读家，在阅读时也会深感窒息。

翻页的速度也会随之减慢，类似"这是什么啊"的怨言便会不绝于耳。

读书总给人以静态之感，但殊不知动态的节奏感对读书也至为关键。我们可以在脑海中边想象"捣年糕"的节奏韵律边阅读。

捣年糕时，抢石杵的人开心哼唱着："一呀！二呀！"翻面团的人也要跟着此节奏半蹲着按、拉、翻，还要不失时机地给石杵抹水。

　　若阅读也能像充满节奏感的捣年糕一样，从"对，是这样"到"然后呢"再到"原来如此"一步步发展，读者便能按极佳的节奏不断推进阅读的步伐。

　　品味翻页的节奏带来的快感，能够成为读完一本书的推动力。

关键点：带着节奏感阅读。

坚持"3 成命中率"

好不容易开始阅读，可在阅读途中又心生厌烦。此时，无须沮丧，因为这种情况极为常见。

换作是我，在阅读晦涩难懂的物理书籍时，也会举步维艰，中途受挫。

尝试阅读 30 页也好，继续往后阅读也罢，若着实乏味无趣，即使继续读下去也不会变得有趣，反而是强人所难。

这种时候，极少数情况是因为阅读时机不对。

也有可能因为书中没有自己想获取的知识，或者书本身缺乏魅力。原因多种多样，但也不乏出现峰回路转的情况。有时不畏晦涩难懂仍坚持不懈地阅读，反而会越读越顺畅。

若读了 30 页仍感受不到书的魅力所在，请果断放弃，选择别的书来阅读。

可以选择 10 本自己想读的书，在手机上列好清单。

即使最终只读完了其中 3 本，也是很棒的。也许有人会想："书都买了，却没读完，岂不浪费？"我认为大可不必为此苦恼。虽然遭受失败，但也更加明确何为自己喜欢的书籍，所以这并不是浪费。

今后即使参考本书购买了相关书籍，也未必能按预想全部读完。

遇到有趣书籍的概率很低，这一点我们应提前做好心理准备。

10 本书中能读完 3 本，就是"3 成的命中率"。这种概率在专业棒球的联赛中也能跻身前十，所以请对自己抱有自信。

据日本大学生活协同组合联合会的调查显示，半数以上的大学生 1 个月的书籍阅读量为零，所以 1 个月能读完 3 本，可谓非常优秀的阅读者了。

> **关键点：坚持"3 成命中率"，成为一名优秀的阅读者。**

和读书相关的 Q & A

Q：平常都读什么类型的书籍？

A：40%以上都在读"小说"。

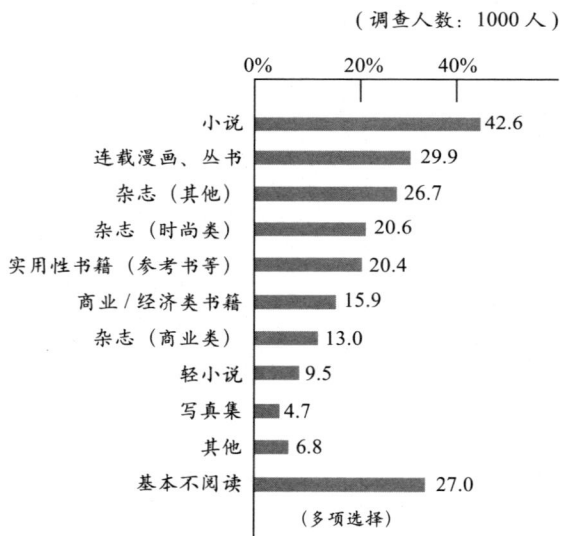

（调查人数：1000人）

0%	20% 40%

小说 42.6

连载漫画、丛书 29.9

杂志（其他） 26.7

杂志（时尚类） 20.6

实用性书籍（参考书等） 20.4

商业/经济类书籍 15.9

杂志（商业类） 13.0

轻小说 9.5

写真集 4.7

其他 6.8

基本不阅读 27.0

（多项选择）

引自：乐天洞察

第四章

凝聚高效阅读的碎片时间

留出 3 分钟阅读时刻

或许下面这个要求有些唐突，请回顾自己一天的工作生活，并且细化这一天都用来干了什么。在苦思冥想后，你会发现：其实一天中有很多闲暇的碎片时间。

例如，在等待地铁之时，等待约见对象之时，白天去餐馆等餐之时，等等。

只要有 3 分钟的闲暇时间就能阅读很多页。

让我们切身感受一下"3 分钟"究竟有多长。请打开手机的计时功能，你会发现 3 分钟其实也很长。

对于我来说，别说 3 分钟，只要有 1 分钟的闲暇时间，我就会立刻翻开书阅读。

每次在超市等待结账时，我也会拿出书来看。所以总被当作怪人，但每次我都默默隐忍。只有我自己知道，即使阅读 1 分钟，也能带给我快乐。我坚信积水能成渊。

很多人都利用闲暇时间玩手机。

不可否认，用手机上网能获得很多信息。近来，我也听说有人上班不带包，只携带手机便能完成工作。

但是，从消极方面讲，手机被称作"吞噬时间的机器"，它正逐渐吞噬着人们的时间。

若心情不佳，玩一会儿手机无可厚非，但是一味浪费在玩游戏和 SNS 上，时间便会转瞬即逝。我想这一点大家都深有体会。

总之，若将全部空闲时间交付于手机，便没有时间读书了。我并不是禁止大家玩手机，**只是希望大家能合理分配玩手机和阅读的时间。**

可以像这样给自己制定规则：例如，把从等车到抵达目的地期间用来阅读。如果实在想玩手机，可挑选不适合读书的时间去玩，例如利用看电视的时间玩手机（对我来说，即使在看电视时，我也是一边听着电视播报一边阅读）。

当然，利用闲暇时间用手机看电子书或相关网页就另当别论了。

关键点：在闲暇时间读书。

随身携带，不留遗憾

一天上课时，我突然对学生们说："请拿出一本书向你旁边的人介绍它。"

有学生不禁说道，"啊？可是没有带怎么办？"于是我对这部分学生说："学生的书正如武士的刀。难道会有武士说'对不起，我忘带刀了'吗？如果武士不随身携带武器出门，即使被斩杀也无处申诉。"

学生们都是认真且单纯的，听我这样解释，第二天都随身带了书。

此外，针对英美文学专业的学生，我会这样建议：

"请在地铁上阅读英文书籍。即使有的英文书还没开始读，也请打开书的中间页，营造出正在阅读的氛围。周围的人肯定会感叹'这么年轻就阅读英文原著了，太厉害了！'。若在明治大学附近的车站下车的话，大家肯定会认为这是明治大学的学生，借此机会还可提升学校形象。"

总之，不带书外出就相当于在下雨天忘带伞一样，所以请不要让自己留有遗憾。

何况好不容易找出的碎片时间，没有书便无法阅读。

据说有一名小学生，天天往来于学校和课外辅导班之间，很是忙碌，只能在上学的地铁里阅读。即便这样，他的书包里总是放着书籍，2天就读完1本。即便他的父母就此和他争论过多次，也没能改变他对阅读的坚持。

这不失为一个鼓励成人阅读的好例子。

关键点：外出时唯独不要忘记带书。

正如下雨时必须要带伞一样。

一定随身携带书籍。

书包里总是放着书籍，2 天就读完1 本书的小学生！

设定期限，塑造成功

关于有效利用闲暇时间，其中一种方法是：制定类似于"本周读完 1 本书"的目标。

在这一周内都携带同一本书，利用一切闲暇时间阅读，用积少成多的方式完成目标。

这种感觉如同在做游戏，何不挑战一番呢？

从星期日的晚上开始实施。

不可否认，星期日的晚上既是放松之夜，还带有"明天就要上班"的倦怠。

借此时机，选择一本书，趁着夜色，大致浏览的阅读为最佳。

这样一来，人们更容易适应星期一上班或上学的节奏。在第二天早上的地铁里，也会自然而然地拿出书接着昨晚阅读。

若不选择星期日，而从星期一开始阅读的话，反而会给突然进入工作模式的人们增添一分慌乱。让人不但没有闲情逸致去选书，读书的兴趣也势必会锐减。

此外，若读到第 30 页仍觉得枯燥乏味（请参照第 70 页），无须犹豫，请放弃阅读此书。没必要被所谓的"好不容易开始阅读了，必须读到最后"的思想所禁锢。

既然索然无味，不妨换一本来读。之后若能从头至尾读完，不仅能证明这一次的选择是正确的，而且也会不由自主地利用通勤时间、休息时间阅读。

请按照最初的设定，保证一本书的阅读时间为 1 周。这是一次为读完 1 本书而制定的训练，所以请严格遵守时间要求。

这样一来，应该就不会出现"读不完"的情况。若阅读途中节奏慢了下来，可以在接下来的周五或周六快速阅读，保证阅读进度。

速读也好，跳读也罢，最重要的是抵达书的终点。明确和书的相处时间只有 1 周，不管怎样，最后一天要读完最后一页。

总之，品尝"读完了"的成功滋味至为关键。

> **关键点**：将期限设定为一周，无论如何塑造一次成功的阅读体验。

调整环境，保持紧张感

有时想在家中阅读，却怎么也无法集中注意力。这经常发生于还未将阅读养成习惯的人身上。

读书时最好保持适度的紧张感。而家是一个极度放松的地方，让人容易经受不住手机或电视的诱惑。

所以推荐在地铁上或咖啡馆阅读。在周边有杂音或人来人往的环境里，反而更容易集中注意力。

在本书的第 56 页也提到过，去咖啡店读书是一项性价比极高的自我投资。买一杯两三百日元的咖啡，就能拥有读书的空间和时间。

我在等人时，只要有 10 分钟的空闲时间，必定会前往最近的咖啡店。之前提到过，只要有 3 分钟，甚至 1 分钟闲暇时间我都会用来看书，若有 10 分钟，我更能静心阅读了。

有时，因不足 10 分钟无暇去咖啡店，我会在约见的地方打开书，或者坐在路边的长椅上看书。

闲暇时间较少时，可采用上述方法。

因为读书才是目的，品尝饮品只能位居第二，所以我会毫不犹豫地选择最便宜的咖啡。

像摩卡、拿铁这样的饮品就留给约会的情侣们吧。

不管怎么说，这 10 分钟十分珍贵，并不适合悠闲品茶。若再拿出手机来玩，这 10 分钟就被完全浪费了。

所以我一坐下来就立即拿出书来读（有时也会用手机或平板阅读电子书）。

10 分钟足以拜读明治文豪夏目漱石的名言。对于我来说，这 10 分钟是一天中色彩最为斑斓、最充实的时光。

我享受着度过这幸福时光的每分每秒，若约见对象跟我说："不好意思，我可能稍微晚一点到。"我反而会独自窃喜。

因为可以继续享受这幸福时光带来的喜悦了。我会回答对方："我正在咖啡店喝茶，您不用着急。"

像这样给阅读限定时间，其感觉和截稿日需提交原稿的心情相似，能让人更加专注。

关键点：在地铁或咖啡店集中注意力阅读。

用音乐打开阅读模式

闲暇时间开启阅读模式的开关是：音乐。书和音乐可谓相得益彰。

于我而言，边听音乐边读书最幸福不过了。此时，再来一杯咖啡，便更无它求。书、咖啡、音乐可谓彰显文化素养的最佳搭配。只是这么一想，那幸福感便涌上心头。

为了随时随地听音乐，我一直随身携带索尼牌随身听。

我不选择手机而选择随身听，源于对提出并实现"随身携带音乐"这一概念的索尼创始人——盛田昭夫和深井大的敬仰之情。

我的随身听中已收藏了从几百张 CD 中下载的数千首音乐。包含了从耳熟能详的轻音乐到当下最流行的歌曲，读书当日我会选择符合自己心情的音乐，边欣赏边读书。

但不论怎样，毕竟以读书为主，以音乐为辅。听音乐没有问题，但注意力一定要放在读书上。

这样一来，阅读时的喜怒哀乐就会被音乐赋予色彩，并由音乐酝酿出阅读时的各种情绪。

有人说："音乐是时间的艺术。"但音乐也会随读者的心境发生变化，牵动着阅读文章时的目光。

音乐赋予思考前进的动力和韵律。换句话说，**听着音乐便能推动我们不断阅读。**

读不同类型的书要听与其匹配的音乐。

例如，欣赏意大利绘画集要听维瓦尔第的古典音乐，阅读西班牙文学时要听弗拉明戈吉他曲，阅读陀思妥耶夫斯基的作品时要听藤圭子（宇多田光的母亲）的演歌。这些作品和歌曲都具备历史厚重感，可谓相得益彰。

若无法听音乐，我会把周围人的交谈声当作背景音乐。适度的嘈杂声反而会变成绝妙的韵律，让人更加专注。

关键点：借助音乐的力量，进入阅读模式。

等待之时积累沟通话题

有时我会将约见地点定在书店，因为能利用约见前的一段时间在书店找书。

找书时，我一般都会选几本在手，通过大致的浏览判断好坏。

首先着眼于书名、作者、封面设计，然后再粗略地看一遍目录。

逐渐习惯后，有些书即使不买我也知道其大致内容。这会成为我和约见之人闲聊时的素材。

我会比约见时间早一点到达约见书店，并给自己制定了这样一个规则：在一定时间内选择并购买 1 本书。

因为是自掏腰包，所以我会格外慎重地选书。有意识地选择那些内容更易于理解、情节更为有趣的书籍。

直至约见之人的到来，我才会拿着选好的书去结账。紧接着向约见对象讲述书中内容。

关于读书，我曾在一次演讲中提道：不要每次见面都谈天气了，是寒是暖每个人都能亲身感受到。用和书有关的话题取而代之更能彰显你的素养，还能不断传播读书文化。

你可以和约见对象这样说：

我在书店里发现了一本看上去很有意思的书！
有几句话很耐人寻味。

保证你能打破刚见面时的些许尴尬。

关键点：把书店设为约见地，培养阅读能力。

比约见时间早一点到达约见书店。

在限定的时间段内寻找素材，
直至约见对象的到来。

是吗？

就在刚才我买了这本书。

插图让阅读更丰富

所谓读书，并非只局限于阅读文章。

对于那些不善于读文章的人来说，可以先从以插图和图解为主的"图解书"入手。

所谓"图解书"，是指那些大量使用插图并补充说明性文字的书。其版面多为：翻开书的左右两页，一页是图解，另一页是解说文章。

其特点是：将晦涩难懂的内容简单化，且恰到好处地掌握节奏进行解说。这可谓出版界的一项重大发明。

若想了解某一领域的相关知识，寻找这方面的图解书也是手段之一。

图解书覆盖相当广的领域，在亚马逊输入"图解书"三个关键字，就会检索出 10000 本以上的图解书。

涉及心理学、哲学、历史、科学、宗教……有趣的是，还有名为《日本酒手贴：酿造师严选清酒笔记》（山本洋子著）的图解书。

因每个条目只占左右两页，多数情况下读者在短时间内都能读完，所以正适合利用闲暇时间阅读。

虽说按"解说文章→图解"的顺序阅读最为普遍，但因图解是对解说文章的归纳，所以只要大概浏览标题和图解便能略知一二。

首先，只阅读图解。若还想进一步了解，再阅读解说文章。

除图解书外，图鉴也值得推荐。有描写动植物、宇宙等各个领域的图鉴，不论看哪一本都趣味横生。

"啊！居然还有这样的生物！"在感叹的同时也能激发起强烈的求知欲。还可以和孩子们一同阅读。

有些图鉴附有 DVD，能获得最新的知识。在讲解宇宙的章节中，还会涉及暗物质的知识，成人也可享受知识带来的快乐。

将图鉴放于书架之上，闲来无事时可随手翻阅，在放松的同时也能让生活更丰富多彩。

关键点：阅读直观化、形象化的书籍，抓住内容梗概。

阅读更为便捷的电子书

若只有很少的闲暇时间，阅读电子书比纸质书籍更为便利。可以利用 Kindle 等专门的阅读器，或在手机、iPad 上下载相关的阅读 App，这样一来，读者能随时随地阅读电子书。

我本人也在使用亚马逊上的无限阅读资源——Kindle Unlimited [1]。

近来，读书越多的人，越倾向阅读电子书。因为习惯阅读电子书后，就会发现电子书和纸质书籍一样容易阅读。

阅读电子书时，只需轻轻滑动手指便能实现翻页。因此，较之纸质书籍，电子书实现了高速且流畅的阅读，这也是其魅力所

---

1. 亚马逊于 2014 年 7 月 18 日推出的一项服务，读者每个月花费 9.99 美元（1 美元约合 6.99 人民币）可阅读 600000 册电子书和音频书。

在。还有人认为电子书更容易阅读。

一直以来，提起读书，我们首先想到的必定是阅读纸质书籍。然而，随着电子产品的更新换代，或许今后再提及读书，我们第一时间想到的反而是阅读电子书。

我的脑海中经常浮现类似于"这段话是否出自夏目漱石的《哥儿》一书"的疑问，每当这个时候，即使身在外地，我也能在手机或平板中输入关键字进行检索，十分便利。

此外，电子书还能被上传到云空间，所以人们不必考虑空间大小便能拥有海量书籍。

而且同一账户能在所有终端进行阅读，很是方便。

之前多次提到的青空文库，既能利用浏览器阅读，还能将其 App 下载到手机。所以大家不妨先进入免费的电子书世界畅游一番吧。

有时，我们会忘记已阅读过的作品，例如："提起芥川龙之介的作品，以前好像读过他的《杜子春》，但讲的是什么内容来着？"

既然可以免费阅读电子书，何不借此机会再读一遍呢？

我们既可以利用像青空文库这样的免费资源阅读电子书，也可以像下一章即将介绍的"用三种颜色的圆珠笔在纸质书籍上做标记一样"阅读纸版书籍。

关键点：逐一检索感兴趣的书籍。

和读书相关的 Q & A

Q：读书时会选择"纸质书籍"还是"电子书"？

A：70% 以上选择"纸版书籍"，20% 以上两者都有涉及。

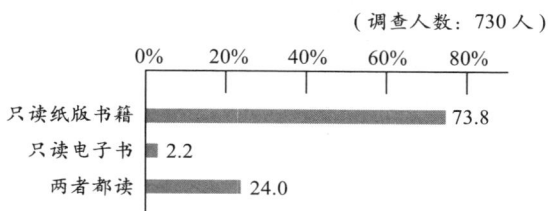

（调查人数：730 人）

只读纸版书籍	73.8
只读电子书	2.2
两者都读	24.0

引自：乐天洞察

第五章

发挥高效阅读的思考力

阅读标注：展现读者思绪

一直以来，我习惯了做读书笔记，将归纳的内容记录在册，并摘抄好句。

这样创造了一种独具特色、便于温习，并将书归纳为读书笔记的方法，即：使用"三色圆珠笔"（红色、蓝色、绿色）在书上画线或画圈。

现实生活中不乏使用 1 种颜色画线的人，但我认为区分使用 3 种颜色做标记的方法更具特色，能恰到好处地锻炼大脑。

这种用 3 种颜色做标记的方法正如相扑的踏脚、九九乘除法一样，属于"基本功"。其效果之显著，可谓屡试不爽。

在书上做标记，让书籍染上属于你自己的颜色。

我开始使用 3 种颜色的圆珠笔始于一次大学的考试。复习时，我发现用 3 种颜色的圆珠笔在参考书上画线效果显著，当即决定也将此方法用在阅读上。

读书时，将自己的感受用不同颜色的圆珠笔记录下来，即使今后重读之时，也能轻而易举地抓住重点。

但是，很多人对"在书上做笔记"抱有抵触感。这类人很可能受"讨厌被弄脏"的心理所驱使。

例如，让孩子去玩泥巴却不想孩子弄脏衣服，乘地铁时不想直接用手触碰吊环……抱有这种心态的人，当然也不想"把书弄脏"。

还有一种可能性，就是羞于将自己的感受记录于书。

害怕别人看到自己画线的地方会说："居然在这种地方画线，这也太肤浅了吧！"换句话说，这是对自己的阅读能力没自信，所以才不愿意画线。

有时，拿到一本旧书，上面很可能残留上一个读者的阅读痕迹。"他在这个地方画了线，写了感受。"一瞬间我们的思绪也会因一个素未谋面的读者飘向远方。

虽然画线这个行为的确需要些许勇气，但正因为画线，我们才能第一次意识到自己的思考力。

不要在乎别人看到后会怎么想，你应该做的就是放心大胆地画线。只要迈出第一步，很快就会习惯。

也有很多学生抱有相同想法，即"读完的书便无法卖给二手书店了"，请抛弃这种想法吧！当然，不可否认的是，即使转手售卖，也卖不了多少钱。

我们需感谢和书之间难得的缘分，长久地和书"交往"下去。

关键点：将书"弄脏"，给它染上只属于自己的颜色。

正因为画线，我们才第一次
意识到自己的思考力。

区别标记：划分阅读领域

接下来对 3 种颜色的使用方法做具体说明。

首先是**红色（客观的、最重要的部分）**。

说起红色，我们都知道红色用于标注重要的内容。因此在阅读书籍时，将你认为"最重要的部分"用红色标出来，即：你所认为的具有客观性且最重要的部分；以及只需阅读画红线的地方就能明确文章主旨的地方。**恰到好处、抓住重点是关键。**

其次是**蓝色（客观的、比较重要的部分）**。

在你觉得"比较重要"的地方画蓝线，即：重读之时，只需阅读蓝色标记的部分，就能了解书籍梗概的地方。**蓝线画多少也无妨。**

最后是**绿色（主观的、重要的部分）**。

在你认为"有趣的地方"画线。以个人的主观想法为基准。并将自己的感觉摆在第一位，根据个人喜好，只要觉得这部分内容独一无二、牵动己心，便可尽情画线。

画绿线的关键是：虽然内容和主要情节毫无关系，但个人觉得趣味横生；在他人可能会忽视的地方画线。此外，红色和蓝色重合也无妨。

画绿线的乐趣在于：不用再着眼于寻找重要的内容。

例如，在读明治时期的小说时，有这样一句话："当时虽然乘火车出行，但也坐了好久。"虽然和主要情节毫无关联，但因觉得有趣所以就画了绿线。

之后在一次和他人的交谈中，我便将此告知于人。

关键点：尝试在有趣的地方画绿线。

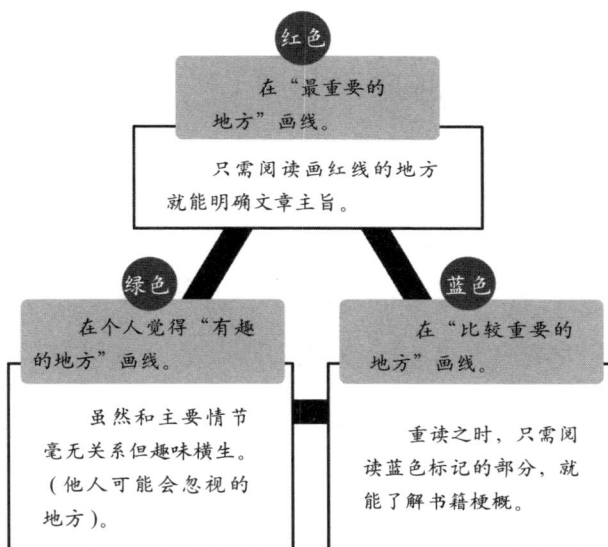

红色

在"最重要的地方"画线。

只需阅读画红线的地方就能明确文章主旨。

绿色

在个人觉得"有趣的地方"画线。

虽然和主要情节毫无关系但趣味横生。（他人可能会忽视的地方）。

蓝色

在"比较重要的地方"画线。

重读之时，只需阅读蓝色标记的部分，就能了解书籍梗概。

不同画线：回应作者心意

用 3 种颜色的圆珠笔画线时，请想象在击球场练习击球的情景。

"手中执笔"正如"举起球棒准备击球"。拿起笔的瞬间便进入临战状态。

不画线就等同于不击球，那么站在击球区便毫无意义。

请只考虑如何回击球（如何画线）。你能做的只是义无反顾地挥起球拍（义无反顾地画线）。

对作者投来的球做出反应并打回去。抱有这种想法，不断地去画线。

当然，你有时会打空。但若坚持不懈，就会逐渐拥有自信并掌握击球要点，实现连续击球。

正如投球机发出的球有易打和难打之分，书也分为容易画线和难以画线两种。即便如此，也不要踌躇不前，积极面对即可。

只要是你认为重要的部分便可反复画线，只要你认为它是关键词就可反复用圆圈标记。总之，我们要用积极的态度去做标记。

当画线变成习惯时，在等待被画线内容出现的时候也是读书意识形成之时。

如果一直处于等待状态，目标一旦出现，我们会不禁喜出望外："终于来了！""让我好等啊！"

加重力度画线的瞬间，仿佛实现了和作者的心意相通。

习惯做标记后，你自然而然地就能集中注意力阅读，之后便能将作者投来的球一一打回去。

像陀思妥耶夫斯基这样的大文豪，其作品中绝无废话，所以可以在任意处画线，也可以画任何颜色的线。

关键点：拥有积极的态度，逐渐尝试画线。

绿色画线区：感受自我解放

虽说需要区分使用 3 种颜色，但也无须墨守成规。

没必要丝毫不差地区分红、蓝、绿的使用。请卸下肩头的负担，放轻松，适度即可。

首先，**掌握"红色和蓝色为客观""绿色为主观"。**

还未习惯期间，可以根据自己的感觉任意画线，以绿色为主也无妨。

在画绿线时，因为会开启头脑中识别"有趣与否的传感器"，所以读书本身也会变得有趣起来。

无须深思熟虑，只要觉得有趣，便可恣意画线（也可以画圈）。

尽量在谁都不会画线的地方尝试画绿线，这样你会倍感愉悦。

与主要情节完全无关也无妨。

若被他人看到并被质疑："为何在此处画线呢？"那么，画线的地方刚刚好。

或许在今后重读之际，你本人也会疑惑为何当时要在此处画线。即使发生这种情况，也无须太在意。

绿线是"独断"和"偏见万岁"的线。

我在让小学生用3种颜色的笔做完标识后，孩子们在谈及"在何处画绿线"的话题时，都显得兴致盎然。

这无关正确与否，只需向大家展示自己认为有趣的地方即可，所以大家都争先恐后地表达自己独一无二的感受。

很多人通过画绿线，感受到了读书的自由性。

因为无论在哪儿画线都不会被否定，只需跟着自己的感觉走即可。可一边享受无拘无束的感觉，一边画线。

画红线和蓝线时的紧张感才能衬托画绿线时的轻松愉悦。但是，在熟练掌握画绿线的技巧后，要逐渐尝试画红线和蓝线。

关键点：画绿线的同时也是对自我的解放。

红蓝画线区：从犹豫不决到坚定决心

在习惯用绿色标注"主观的内容"后，也要习惯用红色和蓝色标注"客观的内容"。

红色和蓝色关乎主要剧情，所以在哪里画线需要读者具备归纳能力。

即便如此，也无须产生抵触心理，反复尝试，久而久之就能掌握其要点了。

首先，从基本的画蓝线开始。

在你认为"比较重要的地方"画蓝线。即使画很多也无妨，只要你认为这部分内容是重要的，就放手去画。

一边画蓝线，一边探寻"读书的节奏"。若发现"书中这个地方似乎非常重要"，请不要犹豫，直接画红线。

画红线的原则是：粗中取精，所以要具备不轻易画红线的意识。正因为红色标记的数量是有限的，才成为红色存在的意义。

因此，我认为画红线时也需要些许勇气。

但刚开始时，不需要深思熟虑，怀有自信，果断去画即可。

"这个地方看起来也没那么重要""或许更重要的内容还在后面"，若这般犹豫不决，会丢失画红线的机会，还会打乱读书的节奏。

若重读一遍再画红线的话，着实浪费时间，所以请做好下定决心、果断画红线的心理准备。

我在讲课中也提到过：蓝线和绿线画多少次也无妨，但画红线的地方只许有 3 处。因为只是普通的练习，所以我故意限定了次数。

严格来讲，也不能说是 3 处，如果在一个地方连续画了 3 句话，也算 3 处。

还有一种情况，即：按照读书的节奏先画蓝线，稍后再思考应该画红线的地方。因为画蓝线的内容里必然包含红线内容，所以这么做当然是无可厚非的。

无论如何，**从画蓝线转化成画红线时一鼓作气的决心非常重要**。在画红线时，若心情在一瞬间既紧张又兴奋的话，那么你已成为熟练使用 3 种颜色圆珠笔的达人。

关键点 : 毫不犹豫地画红线。

熟用 3 色：认识内心感动

前文解释了这么多，或许仍有人对区分使用 3 种颜色毫无头绪。

既然如此，百闻不如一见，接下来请让我举例说明，就拿太宰治的短篇小说《快跑，梅洛斯》为例。

可能大家都看过这篇小说，但不可否认，一部分人已经忘记故事情节。在此，请让我带领大家重新温习一遍原文。

故事梗概

牧羊人梅洛斯走在街上，得知国王深陷不信任他人的泥潭并滥杀无辜。义愤填膺的梅洛斯只身闯入王宫，不幸被捕。他请求国王在行刑前给他 3 天时间，为此，让自己的好朋友塞利奴提乌斯暂为人质，并承诺若他未在约定的时间归来，国王可以处死自己的好友。

＊　　＊　　＊

"我是伊罗斯特拉托斯，你的朋友塞利奴提乌斯的弟子。"这个年轻的石匠紧随在后，边跑边嚷。"已经无济于事。别白费力气了！不要跑了！已经来不及救他了！"

"不！太阳还未落山呢！" ←蓝色

"他正在受刑！啊，你来迟了！只要稍微早那么一会儿，也许……"

"不！太阳还未落山！"梅洛斯悲愤到极点，凝视着殷红硕大的太阳，现在只有奔跑这一招了。

"算了吧！别跑了！现在你要珍惜自己的生命。他一直对你深信不疑，即使被带到了刑场，也泰然自若。无论国王怎样挖苦讽刺，他仅回答一句：梅洛斯一定会来！看样子，他依旧抱着坚定的信念。"

"正因为如此，我才这样奔跑。正因为深受他的信任，我才这样奔跑。这不是什么来得及来不及的问题，也不是什么一条人命的问题，我总觉得自己是在为一件意义更大的东西才奔跑的。跟着我，伊罗斯特拉托斯！"

—— 绿色　　　　　　　　红色 ↗

毋庸言明，太阳还没落山。梅洛斯迸发出最后一点儿力气，不停地奔跑。梅洛斯的脑袋一片空白，已无所考虑，只是一个劲儿地向前奔跑，像是有一股莫名其妙的巨大力量在拖着他。太阳正慢慢沉没在地平线下，留下的最后一抹霞光也快消遁时，梅洛斯疾风般地朝刑场做最后冲刺。赶上了！

*   *   *

我画线的地方不一定就是正确答案（没有正确答案）。

"不！太阳还未落山！"

我在这句话下面画了蓝线。因为这句话彰显了梅洛斯坚定不移的信念。

无论身处何种困境，只有坚信"不！太阳还未落山！"的人才会乘风破浪。

"正因为深受他的信任，我才这样奔跑。这不是什么来得及来不及的问题，也不是什么一条人命的问题，我总觉得自己是在为一件意义更大的东西才奔跑的。"

我在这段话下面画了红线，表示这段话是最重要的地方。

梅洛斯不想辜负好友对自己的期待和信任，所以才会奔跑。他想做一个让人信赖的人。正是这份信念一直支撑着梅洛斯。

毋庸言明

文言文的表达方式，在当今的日本很少用到。因此令我印象深刻，也倍感新奇。这才在其下方画了绿线。

梅洛斯的故事也向我们传达了这样一个信息：在人和人的信赖关系中，我们每个人都应找到自己的定位，这样才能在这个社会拥有一席之地。

《快跑，梅洛斯》其实是一个对"公众意识"表达敬畏的故事。

关于 3 种颜色的区分使用，我已用实例进行了说明，那么大家是否已经掌握了呢?

> **关键点：用 3 种颜色画线，认识到内心的感动。**

切换技能：区分主观和客观

用 3 种颜色画线的最大目的是：掌握切换主观和客观的技能。

职场会议中，同样会出现有人不区分主观和客观随意发言的情况。

"本次的新产品绝对能大卖！"

这样的发言充满了自信。我原以为发言人会拿出一些客观性的、确凿有据的分析，结果他只阐述了自己的信念和愿望（主观）。

即使指导这类人"分清主、客观再发言"也并非易事，因为这类人从一开始就不具备"分清主、客观"的意识。

但是，**若通过用不同颜色画线的方式区分主观和客观，可逐渐意识到两者的区别。**

最初难免会出错，但反复练习后，定能掌握切换主、客观的技能。

可以将切换不同颜色圆珠笔时发出的声音作为开启大脑中主客观切换时的开关，不断感知切换的瞬间。

至此，我们应该能区分日常生活中的主观和客观了。

"此时的讲话是主观性的""此时的讲话是客观性的"，这充分表明我们已经能够明确区分两者了。

但事实上，我们的大脑有时虽然很想"边区分主观和客观边进行思考"，但总是事与愿违。

所以，需要通过使用 3 种颜色的圆珠笔，借助实际拿在手中的工具来整理我们的内心。

使用 3 种颜色画线的方法读完一本书后，便能逐渐掌握客观地、简明扼要地进行归纳的能力。与此同时，用绿色标出主观性的、有趣的内容的能力可活用在闲谈、广告策划方面。

3 种颜色的圆珠笔成为提升工作能力的工具。

关键点：3 种颜色的圆珠笔还能提高工作能力。

阅读铺垫：让未来与过去相遇

"在书上做标识"和"酿造梅子酒"十分相似。两者都是从"酿造之日"算起，时间越久，味道越浓厚。

要是能喝到 10 年陈酿的梅子酒，人们甚至会满怀感激。

若加以"这还是祖母在身体康健时酿造的梅子酒"这样的故事背景，更会令人感慨万千。

和梅子酒相同，若 10 年后再来阅读用 3 色圆珠笔做完标识的书籍，你也会回味无穷。

我本人就有此经历与感悟：

10 年前的自己竟然被这些情节触动，真是年轻啊！

10 年前毫不在意的地方，如今读起来却如醍醐灌顶。

像这般，即便针对同一本书，多年后重读之际，在回忆过往的同时也会有新的感悟。

《小王子》一书，只要看书名和封面便知它属于儿童文学。

肯定有人会说："我儿时也读过这本书呢。"

那么，待30岁年纪时请再读一遍。你必然会有很多新的发现，但儿时却并未在意。

这里的"玫瑰"应该暗指情人吧。要比想象中的让人稍感不适。

这位王子大人，应该是那种说走就走的类型吧。

虽然是同一本书，年龄不同，阅读体验也不尽相同。

我也尝试过在50岁阅读自己10岁左右阅读的书籍，那感觉仿佛在品尝"40年陈酿"一般，让人愉悦无比。

一有合适的机会，我便会把小学生们召集起来，让他们阅读夏目漱石、莎士比亚、歌德等一代文豪的作品，并用3色圆珠笔做标记。

在某种程度上，也是为数年后他们再次品味原著做铺垫。

每个人的当下都是最好的年纪，想看书就请立即拿起书来看。现在看的书，其中有几本肯定会成为10年后、20年后的乐趣所在。

> **关键点：用3色笔做标记是为了将来的享受做铺垫。**

和读书相关的 Q & A

Q：你会选择在哪里阅读？

A：50% 以上选择"在卧室、客厅"。

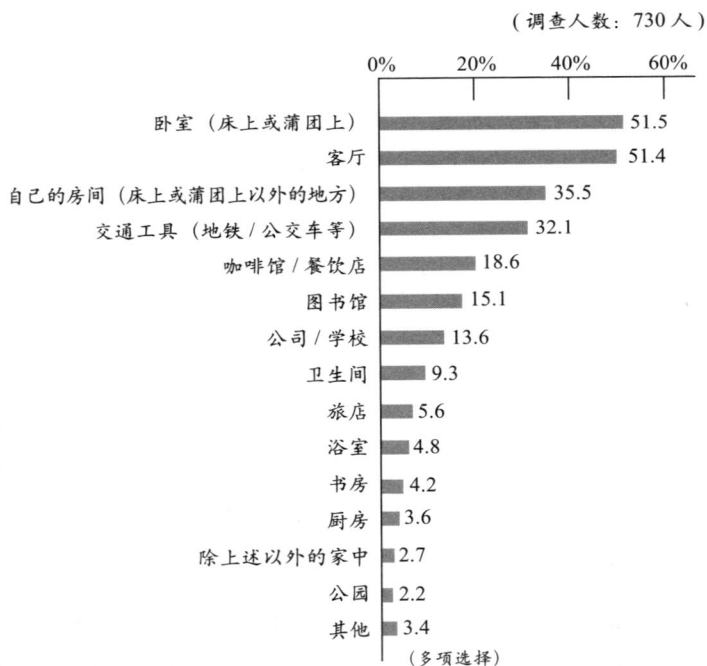

（调查人数：730 人）

阅读地点	百分比
卧室（床上或蒲团上）	51.5
客厅	51.4
自己的房间（床上或蒲团上以外的地方）	35.5
交通工具（地铁／公交车等）	32.1
咖啡馆／餐饮店	18.6
图书馆	15.1
公司／学校	13.6
卫生间	9.3
旅店	5.6
浴室	4.8
书房	4.2
厨房	3.6
除上述以外的家中	2.7
公园	2.2
其他	3.4

（多项选择）

引自：乐天洞察

第六章

升级高效阅读的外在驱动

改变阅读地点，转换阅读心境

　　将书分散放置于我们生活的空间，能有效推进阅读的步伐。最好创造一个随手就能拿到书的环境。

　　首先，可以尝试将书放置于客厅、卫生间、背包等 3 个地方。职场的办公桌、床头，甚至厨房等也可考虑在内。

　　我曾在洗手间阅读过笑话书，并未感觉有任何不妥。

　　当时，我阅读的是《伍德豪斯选集》[*Wodehouse Collection*，P. G 伍德豪斯（P. G Wodehouse）著]。因为是笑话系列，即使短时间内断断续续地阅读也乐在其中。1 本书大概 200 多页，正适合身处洗手间时阅读。

　　将书分散放置的话，或许有人会担心：同时阅读不同的书，大脑难道不会出现混乱，发生遗忘吗？

但是，担心也没用。正如我们追剧一样，不也同时观看不同平台播放的不同连续剧吗？

所以，不用担心大脑会出现混乱。即使一周后接着阅读，也毫无不协调感，仍能让人乐此不疲。

但话说回来，毕竟书与电视不同，放置 1 周以上不读，书就很容易被遗忘，这源于影像和文字的差异。但在短时间内，即使同时阅读不同的书，也不会发生因干扰而造成遗忘的现象。

将书籍按"阅读地点"区分，正如开启了转换心情的开关，让人更容易记住书中内容。

关键点：通过改变读书地点，尝试转换个人心情。

将书分散放置于我们生活的空间。

客厅。

背包。

洗手间。

无须勉强，打开书看1分钟、2分钟即可。

根据个人心情将书分开放置也是一种手段。

容易养成读书习惯！

"沐浴读书"，提高外文阅读力

提及读书地点，我推荐浴室，这可能会出乎大家的意料。

我曾读过这样一则新闻：某女性作家边沐浴边读书。我也曾因她沐浴两小时而深感惊讶。但问过我身边的女性同事后，才得知女性沐浴长达 1 个小时并不罕见。

而多数男性往往如"乌鸦洗澡"般"一冲了事"。若能在浴池里泡澡的话，我还是想推荐大家边沐浴边读书。

我也曾试过此法，将身体没入浴缸，用盖子盖住浴缸的 2/3，将书放在盖子上阅读。

阅读短篇小说时，利用沐浴时间可谓最佳。此时的我们是极度放松的，更利于阅读。

"沐浴读书"之际，相较于默读，我更推荐出声朗读。因为在浴室朗读会产生一定回声，让我们的声音听起来掷地有声。若

有兴趣，除了母语书之外，希望大家可以挑战外文书籍。

对于英文书籍，逐字解释起来可能略费周折，很容易止步不前。但只朗读的话，便不会出现断断续续的情况。因此，阅读英文书籍时，出声朗读会加快阅读速度。

对于母语类书籍，我们总是不自觉地跳读，外文书籍不同，我们很难跳读。但默读的话，速度定会降下来。

此前，我在沐浴时朗读完了美国畅销书作家西德尼·谢尔顿（Sidney Sheldon）的一本很厚的著作，进展之顺利，让我倍感惊讶。

不愧是拥有数万读者的畅销书作家，其语言浅显易懂，内容一目了然。

朗读声越大回声也越响亮，仿佛一瞬间变身舞台剧演员，十分有趣。而且没有人会评判你的发音是否标准，大可随心所欲地朗读。

朗读英文时会产生这样一个有趣的现象：总是先发出声音，随后大脑才判断朗读的内容是什么意思。

在浴室阅读的话，湿气和水滴虽然会把书打湿，但未来的某一天，当你再拿起这本书时，便会想起"是啊，这本书是在浴室阅读的"，那是属于自己独具一格的读书经历。

关键点：在浴室大胆地出声朗读英文书籍。

路程设定框架，掌握翻页节奏

在新干线高铁[1]或飞机上的这段时间很适合读书。

例如，从东京站到新大阪站，乘坐"希望号"新干线需要两个半小时，这段时间足以读完一本较薄的书（可以使用本书第63页介绍的30分钟读完一本书的方法）。

高铁站和机场都设有书店和小型店铺，陈列着出差族和旅客需求的各类书籍。例如：最畅销的商业类书籍、新书、常见的推理小说等。

何不从中选取一本喜欢的书籍后再上车呢？

启程之际也是阅读的开始，**关键是：需下定决心在抵达目的**

---

1. 连接日本全国的高速铁路系统。

地之前读完 1 本书。只要有这份决心，接下来必会主动分配这两个半小时完成阅读。

一旦设定好时间框架，就能很好地掌握翻页节奏。

现在正穿过静冈县。不错，就按这个阅读节奏来。

居然都到名古屋了呀，接下来该提升阅读速度了。

边筹谋边阅读，一定会在抵达新大阪前按计划完成。

养成习惯后，何止是 1 本，读完 2 本也轻而易举。

话说回来，这并非什么竞技比赛，所以失败了也无妨。若中途厌倦了、疲惫了，不要强求，合上书，可以闭目养神，也可以欣赏沿途风景，或者吃便当。

因为强迫性阅读，并不会带给我们快乐。

我在受邀参加地方性演讲时，承蒙主办方厚意，有时我能坐上新干线的绿色（头等）车厢或一等座。

按一般逻辑，坐绿色车厢的人是社会地位和收入都比较高的人。乘坐后我发现，此车厢的阅读率也很高。

还有一次我乘飞机前往演讲地，飞机因气流不稳一直在颠簸。原本我一直在看书，但受此影响我不得不把书合上。

而邻座的一名男性丝毫不为所动，始终都在泰然自若地读书。

我爱好读书，并因从不落后于人而倍感自豪。但唯有这一次，我打心底折服。

某位大学教授定期乘坐新干线往返于东京和新潟县，而且他经常在车上一次性阅读 2~3 本新出版的书籍。像他这般养成习惯很重要。

读书之人往往更专注对自身的磨炼，所以会在不知不觉中崭露头角。

> 关键点：将出差或旅行时乘坐的交通工具当作只属于自己的书房。

阅读当地书籍，旅途深入人心

　　旅行时随身携带书籍是很好的习惯。将读书和旅行搭配在一起，印象更为深刻。

　　去海边旅行选择与海有关的书籍，去山里旅行携带以山为主题的书籍，去伊豆旅行可挑选以伊豆为背景的书籍。

　　我去伊豆旅行的时候，就随身携带了《伊豆的舞女》（川端康成著）。在伊豆阅读《伊豆的舞女》，此经历至今难以忘怀。

　　说实话，我没有见过舞女，但不知为何总觉得自己曾与其擦肩而过，实在匪夷所思。

　　所以，我每次选择旅行书籍时都心怀期待。

　　旅行、出差走访时，不妨在当地书店购买书籍。例如，去盛冈时购买石川啄木的诗集，去青森时购买太宰治的小说。

地方性书店往往是当地的文化中心，其推出的书籍大多由当地作家所著，所以不用大费周折地找书。

我在上大学时，曾去找住在金泽的朋友玩，就在当地的书店购买了《室生犀星诗集》，并在当地阅读了此书。

至今，坐在犀川河畔（此河流向市内）阅读的场景仍历历在目，甚至我还记得当时清风拂面的感觉。

去鹿儿岛的话，不妨阅读西乡隆盛的《西乡南洲遗训》等。那么，即使对岩波书店这样的"百年老店"一无所知，当手中的书被一页页翻过后，也会发出像"是啊，我现在身处鹿儿岛呢"的感叹，并被这种真实感紧紧包裹。

可以在书的空白处记录购买地点和日期，作为对此行的纪念，永久留存。

多年后，当你再次从书架上拿起这本书时，过去种种便会浮上心头。你或许会像我一样发出万分感慨："曾几何时我还去过鹿儿岛呢。"

　　去海边旅行购买和海有关的书籍，去山里旅行购买和山有关的书籍。

　　去伊豆，选择《伊豆的舞女》；去盛冈，购买石川啄木的诗集；去青森，首选太宰治的小说；去金泽，一定要看《室生犀星诗集》；去鹿儿岛，推荐《西乡南洲遗训》……

印象。

读书适配季节，阅读自带属性

读书需要地利，最好也顺应"天时"。阅读符合季节的书籍，会加深读书乐趣。

每当夏天来临之际，书店就会推出相关活动。如新潮文库的"新潮文库 100 册"、集英社文库的"夏季一本"、角川文库的"KADOFES"等活动。

这些活动都会从古今中外的名作中精心挑选佳作，并陈列于书架上。所以备受读者追捧青睐。

我个人的经验是，像夏天和冬天，它们的季节特征明显，期间发生的种种更让人难忘。

犹记得还是在那年酷暑读完了这本书。

那一年的圣诞节没有人陪，还是书陪我度过的呢。

从这两句回忆的话语中我们能够得知当时的季节，一个是夏季，另一个是冬季。

话虽如此，在日本，正月（日本新年）和盂兰盆节（中元节）虽然处于春秋季节，但休假时间最长，最适合埋头读书。

为了把读书和季节紧密联系在一起，夏天就读偏向于夏季的书，冬天就读偏向于冬季的书。

正如夏天来临之际要听偏向于夏季的歌曲，圣诞节来临之际要听圣诞颂歌一样。

提及属于夏天的书籍，可阅读《夏日的庭院》（汤本香树实著）、《夏日大作战》（岩井恭平著）等，其季节性从书名便可一目了然。

提及稍经典一些的书籍，《局外人》[*L'Étranger*，阿尔贝·加缪（Albert Camus）著] 一书和夏天海边的风景可谓相得益彰。

这些都属于短篇小说，大家不妨挑战一下。

冬天的话，我喜欢在年末阅读《福利斯特探案集》[*A Touch of Frost*，R. D. 温费尔德（R.D. Wingfield）著] 系列。比如《圣诞节的福利斯特》（*Frost At Christmas*）、《福利斯特冬季探案》（*Winter Frost*）等，这些书名都带有冬季的属性。

请在书的角落记录阅读结束的日期。若还能记录读书时发生的各种小事，多年后细细品尝，会别有味道。

关键点：夏天和冬天是埋头阅读的好时机。

和读书相关的 Q & A

Q：1天里，花多长时间阅读？

A：节假日31分钟~1小时（26.4%）；节假日以外16分钟
~30分钟（27.7%）。

（调查人数：730人）

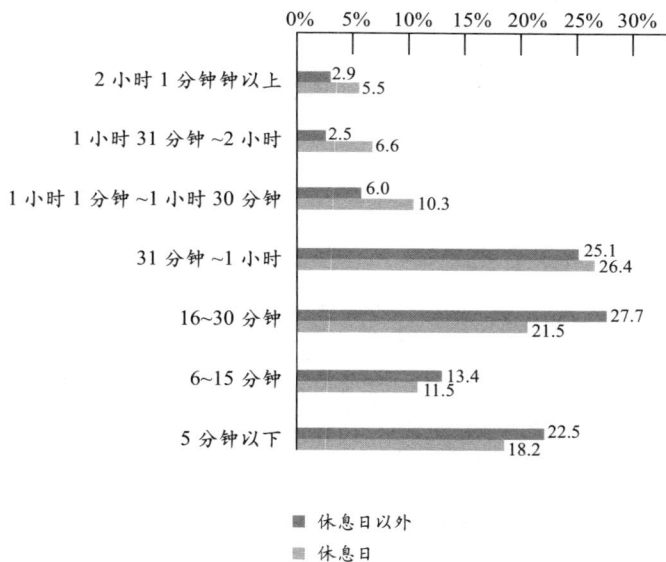

| | 0% | 5% | 10% | 15% | 20% | 25% | 30% |

2小时1分钟钟以上　2.9　5.5

1小时31分钟~2小时　2.5　6.6

1小时1分钟~1小时30分钟　6.0　10.3

31分钟~1小时　25.1　26.4

16~30分钟　27.7　21.5

6~15分钟　13.4　11.5

5分钟以下　22.5　18.2

■ 休息日以外
■ 休息日

引自：乐天洞察

第七章

高效阅读的变现

表达感想：做阅读"输出者"

谈起读书的目的，从大的方面划分，无非有两点。

第一点：**纯粹为了享乐**。例如，阅读推理小说等就是为了放松享乐。包括享受书籍带来的知识和文化修养。

第二点：**关注阅读成效**。例如，阅读商业类书籍是为了提高工作能力，阅读足球相关书籍是为了掌握踢球技巧。

本书第 60 页曾提道：要想着给别人讲述书中内容而阅读。而此处则强调为获取阅读后的成效而读书。

若两者能兼顾，一方面能提高个人的深度思考能力，另一方面还能锻炼转述能力。

起初可以尝试将个人感想发布于脸书（Facebook）和推特（Twitter）上。

可以在读完 1 本书的时候发布，也可以将当天阅读的感想上传。刚开始，发布 3 行足矣。

"主人公性格太好了""非常欣赏这种生存方式"等，将自己所想直接发布到网上即可。

口述自己的感想还不够，以某种形式留存下来才能在将来再次回顾，并让自己有新的认识。还能提升读书动力，将读书付诸行动。

至今为止，我也曾写过多次书评。**将自己的阅读经历传达给未阅读过的人是一件非常开心的事。**

"最好读一下哦""不读此书就是损失"等，像这般采用微妙的描述方法，一边给对方施加小小的压力，一边传达本书的魅力。

这种稍显"高高在上的姿态"已成为我的一种习惯。

想让未读过此书的人倾听你的言论，叙述时最好开门见山。

在日常的对话中，用 1 分钟来介绍某事物会略显冗长，用时 30 秒左右是最理想的。转换成文字，大概 3 行左右。

难得读了本书，若不"输出"，未免可惜。

若抱着向他人表达个人感想的态度读书的话，一定会提升阅读动力！

现如今，一部分人总是乐此不疲地将美食发布于脸书或照片墙（Instagram）上，却从来不对自己阅读过的书籍发表任何评论，这让我百思不得其解。

比起食物，上传书籍当然更让人觉得你修养好，好评率也会更多。

就我个人而言，我更愿意和上传书籍评论的人做朋友，而不是那些只会发布食物照片的人。

而且也应该没有人愿意降低自身层次吧。

关键点：向他人表达自己的感想是一件快乐的事情。

言论正能量：对作品抱有亲近感

将感想发布于 SNS 上时，最好不要写负面性的评论。因为那些总是发表负面言论的人，其书评往往是对原著的曲解（故意断章取义）。

我本人的工作就和读书息息相关，至今为止也阅读了不少的书评，那些批判性的意见多数都不符合实际。

究其原因，这些人以批判为乐趣，他们那自以为是的思想已根深蒂固。

有一次，某研究会正在探讨课题读书一事，其中一名出席者大放厥词，将被选中的书籍批评得体无完肤。

当时，我一直在想：这位发言人怎能将书中内容曲解到如此地步呢？他是如何做到的？真的让人费解。

这些致力于提出负面评论的人似乎是想通过贬低某种东西来提升自己的存在感，思想扭曲。

为炫耀自己的能力而极力贬低他人的人，当然不能理解作者的真实想法，张冠李戴也是司空见惯。

总是以竞争的心态面对作者是百害而无一利的。应该抱有与作者平等的视角，对作品抱有亲近感，而不是一味怀有对抗意识。

批判原著不仅伤害了作者，也是与喜欢原著的读者为敌。

一瞬间招致很多人的反感，可谓百害而无一利。

因误读引发的批判并不可耻。但通过 SNS 弄得满城皆知，就是在向全世界证明自己的低俗。

总之，在 SNS 上发布些褒奖性的言论总是没错的。因为，不论是哪本书，至少能找出一个优点吧。

夸奖作品与贬低作品不同，即使发生曲解也无伤大雅，至少还能维护和平的氛围。

关键点：总之，在SNS上发布些褒奖性的言论。

即时抒发：锻炼表达能力

提高书写读后感的能力，有一个非常有效的方法。

平常就养成和他人抒发个人感想的习惯。

不仅是在读书之后，即便是看了一部有趣的电视剧，第二天也可以向朋友和同事直抒胸臆："你看这部剧了吗？"可以像这般尝试引起话题。

若对方也看了，你们便有了共同话题，对话氛围也会随之高涨。若对方没看，大可用 30 秒大致描述这部剧的有趣之处，这样也磨炼了自身的表达能力。

某某的演技十分精湛，临场感无可挑剔。

剧本也百看不厌。

通过这样绘声绘色的描述，让对方也产生想看的欲望。

相反，只用类似"超级好看，一定要看哦"的语言劝诫，是无法传达电视剧魅力所在的。

想让对方动摇，需理清自己的思绪，并思量如何恰到好处地表述。为此，**阅读时要以向他人抒发感想为前提，一经读完就尝试与人诉说。**

对方可以是家人，也可以是朋友、同事。你在表述的同时，也会不自觉地联想起书中的种种场景。

"啊，连我自己都没发现我能做此番感慨。"这证明你的思考能力有了进一步提升。

若被对方问道："那归根结底我该怎么做？"此时，你可以抓其要害答道："这就是人们都想知道的。而我的表述不足以说明。"

于是，在和他人的对话中，你会感觉自己游刃有余。脑海中边浮现这次小小的成功经验边写下感想即可。

关键点：用简洁的语言向对方讲述有趣之处。

阅读时要以向他人抒发感想为前提。

尝试讲述看过的电视剧。

那是怎样的一个人呢？

电视剧里面有这样一个人物。

勇于发布：挖掘专属宝藏

对于那些不擅长写文章的人来说，可以将最想表达的话和感触最深的几点写下来，哪怕一句也好。

刚开始可能会写成这样："我是如此感动啊！""我还有了新发现。"

只要能说出 1 点就是很大的进步。

在写最感动之处时，人会在不知不觉中注入个人感情，也就自然而然拥有了向他人表述的能力。

但是也有一部分人在被要求写下最感动之处时变得犹豫不决。

介绍这部分内容，会被认为水平很低吗？

我认为这里写得很好，若得不到大家的响应如何是好呢？

这些想法成了前进的绊脚石。

无须畏首畏尾。不论被哪本书、哪一部分内容打动，都属于个人自由。毕竟抒发的是个人感想，所以请对自己抱有自信，勇敢地在网上发布自己的感想吧！

不可否认，有时凭主观意识判断孰好孰坏可能会偏离原著作者想表达的主题和目的。即便如此，请以你个人的读书感受为先。

即便站在作者的角度，这些和自己想法偏离的读者的感想也具有借鉴意义。

前几天，我在大学里教过的一个学生时隔 10 年突然到访。因为他的朋友（也是我的学生）要结婚了，所以希望我在彩色纸上题词。

我写完后，他从书包里拿出一本书。

"老师，能在这本书上签个名吗？"

原来是我写的《孤独的力量》。正当我在想为何要让我在这本书上签名的时候，他翻到某一页说道："'人生啊，越是到了一定年纪，就必须改变与梦和人生的相处方式'，书中的这句话深深刺痛了我。如今，我已经 30 岁了，所以我也该在梦想和现实的人生中做出抉择了。"

并且他还在书中这句话的旁边写道：**这句话可谓支撑了我的整个人生，极具价值。**但是，作为这本书作者的我，已经完全忘记了这句话的存在。

一本书中，往往埋藏着如金子般有价值的东西。若读者挖掘到了黄金，当然归他本人所属，与作者毫无关系。

但究竟能从哪一页找到黄金，因人而异。根据年龄和人生阅历不同，可以挖掘到只属于自己的黄金，这便是读书的妙趣所在。

抱着寻找只属于自己的黄金的想法开始阅读，并最终发现黄金。只要能这么想，便可以毫无畏惧地在网上发布自己的感想了。

我曾热情高涨地在网上发布过这样一条书评："我是这个世界上最喜欢这本书的人。"

感情越充沛，脑海中越能涌现让人印象深刻的语句，越能写出激情澎湃的文章。

好的书评能激发他人阅读此书的兴趣。所以，人们为写出好的书评也需要绞尽脑汁。

> **关键点：自信满满地写下感动自己的内容。**

精挑细选：凝缩 3 处重点

接下来，对书写较长读后感的相关内容进行说明。

若要写长篇读后感，必须提前做好准备。

首先，从阅读完的书中挑选出震撼心灵的语句。

此处描写得太精彩了！

这部分内容不禁让人潸然泪下。

若能带给你如这般的感触，就用 3 色笔中的绿色画下来（为更好地区分和寻找，此处最好用绿色波浪线标出）。

至于挑选几处，可以自由决定。可以是 5~6 处，甚至也可以是 30 处以上。同一本书，也会因人而异。

其次，从挑选出的语句中再精选 3 处最具震撼力的语句。即，选拔出"前三名"。

只凝缩为 3 处可能会难以抉择。"每一处都很难舍弃。"我非常理解这种心情，犹豫不决也属正常。

所以，在感受这种迷茫带来的乐趣的同时，果断地做出抉择。

精挑细选出的 3 处内容起着不让文章涣散的作用。

越是痴迷于某本书，越想在读后感里加入这样那样的内容。但容易造成：中心内容不明确，不清楚究竟要表达什么。

有时越写越迷茫，最后竟不知自己写的是什么。

不管要写的读后感篇幅长短，请将自己想写的内容凝缩成 3 点。这样，写出的文章就不会拖沓冗长而无重点了。

书写较长读后感时的关键点

步骤1 | 从书中挑选出震撼人心的语句（多少都行）。

震撼人心的语句。

震撼人心的语句。

震撼人心的语句。

震撼人心的语句。

震撼人心的语句。

震撼人心的语句。

震撼人心的语句。

步骤2 | 凝缩成 3 点。

震撼人心的语句。

震撼人心的语句。

震撼人心的语句。

这句、这句，还有……这句！

将自己想写的内容凝缩成 3 点。这样，写出的文章就不会拖沓冗长而无重点了。

引用原文： 更让读者动容

凝缩成 3 点后，接下来就很简单了。

首先是引用。照抄原文也无妨。

引用原文时，用双引号标示，这也是为了明示引用内容。

照抄原文并不等同于照抄者水平低。发现有趣的内容并摘抄是一项很重要的技能。

那么，具体来说，怎样才能很好地引用呢?

本书第 150 页讲道：要挑选出最具震撼力的 3 处内容。只需照抄这 3 处内容并用双引号标注即可。

此外，再在引用的文章中添加几句类似于"这句话让我感受到了真心实意，真的很棒""这个想法很具前瞻性，让我受益匪浅"的评论性语言。

只要如实记录自己的想法即可，如：为何选择这部分内容，读完后又做何感想。

因为是自己精挑细选的内容，所以不用深思熟虑便能写出一二。仅凭这一点就能写出精彩的书评。

若引用原文，至少在字数上占了优势，减轻了写作压力，还能记忆犹新。这一方法不论是谁都能轻易掌握。

即使不附加评论，只引用原文，也可称作书评。引用的语句之间都是互相独立的，有时因一句话就能让读者为之一振。

"啊，不愧是尼采，他的话太精辟了。"像这般能让读者动容，那么你的书评便完成了它的使命。

直接照抄印象最为深刻的 3 处内容。

发布到 SNS 上。

震撼人心的语句。

震撼人心的语句。

震撼人心的语句。

"引用文＋个人评论"，构成一篇精彩的书评。

照抄原文并不等同于照抄者水平低！

记录变化：发挥"反叛的精神"

养成通过引用原文书写读后感的习惯后，接下来就需要锻炼用自己的语言进行表达的能力了。引用毕竟是借用原著作者的话，并不是自己的语言。

尝试用自己的语言书写，这样的书评才更具魅力。

只要能写出读书前后心境的变化，用自己的语言表达又有何难呢？

退一万步讲，即使读者在阅读伊始甚至阅读完毕都认为此书阅读难度大，至少在写书评时，可以以"哪部分比较难"为题材举例说明。

"阅读后才发现与预想恰恰相反，内容出乎意料地简单易懂、生动有趣。"最好出现这种情况，这样一来，写书评岂不是手到擒来！

提起阅读前和阅读后，应该像 RIZAP（减肥健身馆）的广告一般令人印象深刻为最佳。

肥胖的演员经过减肥，戏剧性地变身健美达人，其得意扬扬的面孔通过镜头呈现给大众时，非常具有冲击力。

恰到好处地抓住前后变化，并赋予其故事性。前后落差越大，冲击力就会越大。

在书写读书前后的心境变化时，有 3 个关键点。

①阅读前持有何种印象？

②实际阅读后又作何感想？

③转折点在哪儿？

接下来，以福泽谕吉的《福翁自传》为例进行说明第一步：

①阅读前持有何种印象？

"福泽谕吉？是那个 1 万元（日币）面值上的人物吗？我知道他写了《劝学篇》，看上去晦涩难懂的样子。"你完全可以将这种想法写下来。

这样一来，你就完成了第一步。

关于第二步：**②实际阅读后又作何感想？** 读完《福翁自传》的学生们曾向我坦言："福泽谕吉居然是一个极具人情味的人，着实让我诧异。""原以为他是那种一本正经、不苟言笑的人，居然这么孩子气、平易近人。"

当你看到或听到如此直率的感想，是不是有一点阅读的兴趣了呢？

关于第三步：**③转折点在哪儿？** 我先给大家讲述几段有趣的小故事。

福泽谕吉从儿时开始就表现出"反叛的精神"。在他发现神社供祭的神体很像石头时，便暗中用石头调换了神体。

他写道："孩子的灵魂是最为纯洁的，丝毫没有杂质""他们完全不相信所谓的占卜、诅咒、狐惑等"。这些语言简单易懂，言简意赅。

还有一次，福泽先生在大阪做学问时，突然发现"自己没有枕头"。其美名曰："每天都用来做学问，所以一直处于假寐的状态，都没在枕头上睡过觉。"可谓幽默机智的回答。

福泽先生曾坦言："自己最讨厌的事情就是暗杀。也最不想被暗杀。"

他曾讲过这样一段趣事："有时，总觉得自己被人跟踪，在得知对方不是暗杀者时，才大大松了一口气。"所以他总结到"千万不要做暗杀之事"。

他的话句句现实，却让人忍俊不禁，简直是讲故事的天才。

我认为像《福翁自传》这么有趣的书很是罕见，所以大家一定要挑战一下哦。

关键点：越是对一本书有偏见，越能写出令人印象深刻的感想。

重新审视：严谨更得信赖

虽然不是硬性要求，但向 SNS 等发布自己的感想前，最好再次审核。因为仅在发送的前一刻确认，根本无法整理完所有内容。

反而言之，**虽然自己也隐约知道大脑还未整理完毕要发布的内容，却马马虎虎地上传了。**

越是好的书评，往往出自有意识地反复修改。

再次审视时有 3 个要点：

①是否会因倾注了太多个人情感，导致部分语言表达不清楚呢？

②是否含有伤及他人的语句呢？

③语句的使用是否正确呢？

在此，不再详细阐述第①点和第②点了。但关于第③点，我想强调几个注意事项。

·是否有错别字和漏字

语言中有很多字是音同字不同，稍不留神，录入时就会出错。例如"意外"和"以外"等。此外，还需要提前确认是否有笔误或按键出错的情况。

已有专家指出，网络新闻里也经常出现错别字，这时我们应该引以为戒。"以他人的错字为鉴，反躬自省。"

·专有名词是否出错

若将书中人物的名字写错，会让阅读者不明所以。此外，希望大家注意：不要弄错作者的名字。弄错他人名字是一件很没礼貌的事，会让人倍感不适。

·助词的使用方法是否正确

重新审视"てにをは"（日语中的助词）的使用是否正确。例如，本应该是"A と B"（A 和 B），因键盘输入错误，写成了"A を B"(A 换成 B)，这一点希望大家多注意。

·主语和谓语是否保持一致

写书评时，简洁明了是根本。在写长篇书评时，若主谓不一致，会让人满头雾水。我曾读过一个书评，大致是讲：写书评的人在看一档节目时发现自己最喜欢的演员对一本书赞不绝口，于是立刻从亚马逊上买来看。他在描述这段文字时，阅读者都能明白他想传达的意思，但是因主谓不一致，文章阅读起来十分困难。因此做好分段、保证主谓一致，文章才会简单易懂。

> 关键点：没有错别字和漏字的书评更能赢得信赖。

再次审视时的要点

①是否会因倾注了太多个人情感，导致部分语言
   表达不清楚呢?

②是否含有伤及他人的语句呢?

③语句的使用是否正确呢?

 ► 是否有错别字和漏字?

 ► 专有名词是否出错?

 ► 助词的使用方法是否正确?

 ► 主语和谓语是否保持一致?

感同身受： "如果换成我的话"

接下来，让我们在前面的基础上再有所提升。

若想写出更高水平的个人感受，有一点十分关键，即：用自己的语言表达心境的起伏变化。

为此，在阅读伊始，就应该一边想象"若换成我的话……"，一边开启阅读之旅。这样更有助于感情的投入。

在考虑写作技巧之前，更应该思考如何能让自己的心绪受书中文字的羁绊。

在高考落榜的那段时间，我只身住在租赁的公寓里，读完了一本和我年纪相仿但经历悲惨的学生的亲笔手记。当看到他笔下的人物即使身陷囹圄仍极力求生时，瞬间给予了我莫大的勇气。

此书名为《我的生命在月明中燃烧》（林伊夫著），是根据太平洋战争时期出征学生们的日记写成的手记。

作者林伊夫非常崇拜德国作家托马斯·曼（Thomas Mann），十分热衷于学习。后来，他从旧制高中考入京都大学，对自己的未来充满了期待。

但世事弄人，他作为学生兵被应征入伍。

他先入伍海军，又被分配到空军。在此期间，林伊夫从未间断阅读，但天有不测风云，他乘坐的侦察机被美军击落，最终惨死战场。

犹记得当时读到此处，我不禁停止翻页，抬头望天，想象着林尹夫对这样的一生会有多么不甘。回过神来我已泪流满面。

我也曾问我自己："**如果换成我的话……**"我是否也如林伊夫一般认真地考虑过学习一事？我究竟是为了什么才要考大学？今后我想怎样度过一生？

受这本书的影响，我一度思考良久，并将思考的内容一一记录于日记中。

读了本书，类似"太伟大了""太悲惨了"的书评谁都能写得出，但若止步于此，从读书体验来看，你的水平也将停滞于此。

若想提升水平，在阅读时就应该想故事人物之所想，忧故事人物之所忧。只有这样，写出的书评才会更深入人心。

感同身受地想人物之所想，并将其真实地表达出来，才会变成自己独有的感想。

关键点：感同身受地想人物之所想，写出的书评才会深入人心。

寻找"伯乐"：提供参考价值

我还是一名初中生时，便结识了白石老师，他负责教我们国语。也是这位白石老师，为我今后的读书人生奠定了坚实的基础。

初中 3 年的国语课，白石老师必定会在每天上课前推荐新书，从未中断。

每周 3 节课，3 年下来，他推荐的书可谓数不胜数。

而他在推荐给我们之前都会亲身阅读。虽然有些书籍更适合成人，对中学生来说有一定难度，但想要逞强的我偏不甘心，这也让我深深爱上了白石老师的课。

虽然老师推荐的书我并没有一本本都读完，但光是听老师讲解已让我收获颇丰。得益于此，我在升入高中之前，就已获得了相当多的知识。

我很庆幸在我的生命中遇到这样的"伯乐"，是他为我开辟了读书之路。但并不是每个人都能这么幸运。

既然如此，何不利用网络带来的便利呢？

可以通过阅读人们发布在 SNS 或网上杂志的书评，寻找属于你的"伯乐"。

"此人的书评极为有趣"，若能找着这样的"伯乐"，顺藤摸瓜，你自然会找着你想阅读的书籍。

"伯乐"可以有很多人，可以根据书的种类决定不同的"伯乐"。例如，小说、悬疑推理类文章、纪实文学、商业类书籍可以各寻找一名"伯乐"。

提起悬疑推理类小说，电视节目《这本悬疑小说太厉害了！》和杂志《周刊文春》每年都会评选出排名前十的小说，可以作为参考。而且评选人都是这个领域的专家，所以不会有太大差池。

新潮社运营的"Book Bang"是一个综合性书评网站，上面汇总了对新闻刊物的评论及出版社给出的书评。在这里你能轻松检索各类书籍书评，阅读书评家的评论，十分具有参考价值。

关键点：可以在网上寻找"伯乐"。

和读书相关的 Q & A

Q：为何增加了阅读时间？

A：因为想阅读的书越来越多了。

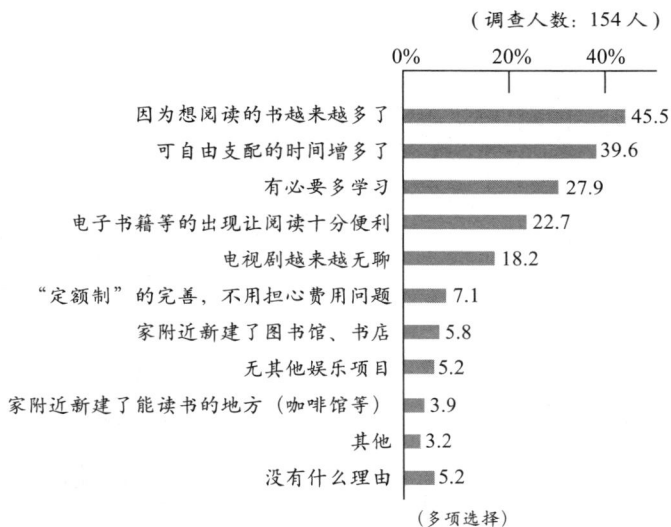

（调查人数：154 人）

	0%	20%	40%	
因为想阅读的书越来越多了				45.5
可自由支配的时间增多了				39.6
有必要多学习			27.9	
电子书籍等的出现让阅读十分便利			22.7	
电视剧越来越无聊		18.2		
"定额制"的完善，不用担心费用问题	7.1			
家附近新建了图书馆、书店	5.8			
无其他娱乐项目	5.2			
家附近新建了能读书的地方（咖啡馆等）	3.9			
其他	3.2			
没有什么理由	5.2			

（多项选择）

引自：乐天洞察

可参考的书评网站

"Book Bang"
报社、出版社、中介、书店提供的书评网站
www.bookbang.jp

"书评空间"
纪伊国屋书店从专业阅读者处入手的书评网站
booklog.kinokuniya.co.jp

"好书好日"
朝日新闻运营的书评网站
book.asahi.com

"HONZ"
除刚出版 3 个月的书，对其他书目的书评网站
honz.jp

"bookvinegar"
专门针对商业类书籍的书评网站
www.bookvinegar.jp

"ALL REVIEWS"

作家、法国文学者鹿岛茂的书评网站

allreviews.jp

"喜欢书!"

读者投稿型的书评网站

www.honzuki.jp

"booklog"

将个人感想写成书评投稿的网站

booklog.jp

"bookmeter"

将自己的读书笔记以图表形式管理的网站

bookmeter.com

"达·芬奇新闻评论"

达·芬奇新闻纸质书、电子书评审页

ddnavi.com/review

"商业类书籍马拉松"
专门针对商业类书籍的书评网站＆网上杂志
eliesbook.co.jp/review

"新刊 JP"
日本最大的新刊书籍／热门话题书籍的书评网站
www.sinkan.jp

"Hon-Cafe"
针对喜欢读书的女性，推荐相关书籍的网站
www.hon-cafe.net

终　章

高效阅读长篇著作

利用解说书，增强原著趣味性

只要你能读完一本世界名著或经典巨作，我可以保证：阅读其他任何书籍都不在话下。

若能读完陀思妥耶夫斯基的《罪与罚》《卡拉马佐夫兄弟》或者托尔斯泰的《安娜·卡列尼娜》《战争与和平》等世界长篇著作，不仅能增加自信感，更应该为自己感到自豪。

既然能读完世界名著，便没有什么书值得恐惧。因为99%的书读起来都要比这些名著容易。

不仅要阅读"页数多的书籍"，更要接触那些"站在最高峰的书籍"。而且，越早挑战越好。

接下来，就向大家介绍分3步挑战长篇著作的方法。第一步是"准备"阶段。

对于那些对挑战长篇名作没有自信的人，可以从解说书入手。解说书能深度剖析原著，并以简单易懂的语言呈现给世人。

解说书发挥着如"自行车辅助轮"一般的作用。提前阅读解说书，可以掌握原著的相关知识，当然对原著的理解也会随之加深。

这和本书第 13 页介绍的观影后再读原著有些相似。

对于那些有名的长篇著作，基本上都有专家们编制的解说书。

我在学生时代就曾阅读过《世界名著》《日本的名著》两本解说书。

得益于这两本书，让我对那些晦涩难懂的长篇著作有了大致了解。其解说简单易懂，仅用数页就能解说一部著作。

世界上当然存在"解说天才"。翻译德国哲学家尼采所著《查拉图斯特拉如是说》的手冢富雄老师就是其中一位。

手冢富雄并没有编写《查拉图斯特拉如是说》的解说书，只是翻译了此书，但他在每一节的前面都写了相应的概要。

查拉图斯特拉在长期孤独之后，精力充沛，想要前往人间，做个太阳一样的施予者。

像上句这般，他总结的概要总是如深得要领的解说文一般让人折服。

只要将其汇总的概要深入脑海，根本无须恐惧阅读原文。

每一节都写概要需要很强的理解能力及勇气。阅读完手冢老师汇总的概要，"我要跟随手冢老师"的想法油然而生。此后，我又阅读了手冢老师翻译的歌德等德国作家的作品。

针对陀思妥耶夫斯基的长篇小说，也有很好的解说书。

专研俄罗斯文学的江川卓就写了**《解谜〈卡拉马佐夫兄弟〉》《解谜〈罪与罚〉》《解谜〈白痴〉》**的"解谜陀思妥耶夫斯基系列"。

通过"解谜"的形式，拨开浓浓迷雾，揭开了令人震惊的真相。

例如，作者在《解谜〈罪与罚〉》中就对主人公的名字做了解谜。男主名叫"拉斯柯尔尼科夫"，在俄语中，有"基督教分离派"和"割裂、割下"的意思，为后文"用斧头割下房东老太太头颅"的故事情节做了铺垫。

此外，拉斯柯尔尼科夫全名"Родион Романович Раскольников"，用各部分的首字母表示就是"РРР"。

根据陀思妥耶夫斯基的创作笔记可得知，"РРР"的名字是他有意而为之的。因为"РРР"倒过来就是"666"，而"666"在《新约全书》中代表恶魔，让人避而远之。

其名字就向读者传递了不祥的寓意。所以读者若能在阅读原著前就掌握这些知识，便能更好地品味原著。

謎とき
『カラマーゾフの兄弟』

江川 卓
Egawa Taku

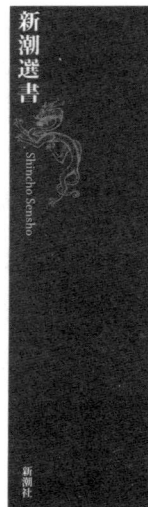

新潮選書
Shincho Sensho

新潮社

謎とき『罪と罰』

江川 卓
Egawa Taku

新潮選書
Shincho Sensho

新潮社

（一）《解谜〈卡拉马佐夫兄弟〉》　　　　（二）《解谜〈罪与罚〉》

江川卓作为译者，通过阅读原著，解开了隐藏在作品幕后的各种谜团。

读完他的解说书再读原著，其乐趣也会倍增。

阅读漫画版，抓住故事梗概

虽然之前推荐从解说书入手，但也有很多人认为解说书难度太高。

既然如此，为了大幅度降低难度，可以从儿童版或漫画版入手。

面向儿童的书籍，其遣词造句都十分简单，且属于缩编后的出版物。通过阅读儿童版书籍进行"预习"也是手段之一。

若不善于阅读文字，绘画会帮助我们理解。就此而言，漫画或绘本是非常好的选择。

我曾编辑过《儿童版孙子兵法》。《孙子》是中国古代的兵法书（教授战略战术）。我从其中挑选了 24 句话，经过加工改编，翻译成面向儿童的简单易懂的书籍。

也许有人会想："24 句话？只是原著的冰山一角吧！"

但是，即使成人阅读了整部《孙子》，让其引用 20 句话并流利地解说也很难做到吧！

艾宾浩斯（H. Ebbinghaus）的"遗忘曲线"表明：学得的知识经过 20 分钟后，记忆量会丢失 42%，1 小时后丢失 56%，9 小时后丢失 64%，1 天后丢失 67%。

年龄越大，越记不住书中的内容，这一点，在日常的生活中，大部分人应该深有体会吧。既然如此，我们应该仔细阅读《儿童版孙子兵法》，最好逐字斟酌并吸收精挑细选出的 24 句话。

更何况，比起那些完全没接触过《孙子》的人，阅读过《儿童版孙子兵法》的人在对《孙子》的理解这一方面具有压倒性的优势。

这么想来，**通过儿童版或漫画版粗略掌握长篇著作的大概内容也未尝不可。**

阅读完儿童版或漫画版书籍，可以当作阅读完原著。对于长篇著作来说，可以说掌握了故事梗概。

提及《卡拉马佐夫兄弟》，讲谈社（日本主要的漫画出版社之一）的"漫画学术文库"系列中有其漫画版，可以以此为踏板尝试挑战其原著。

（一）《卡拉马佐夫兄弟》

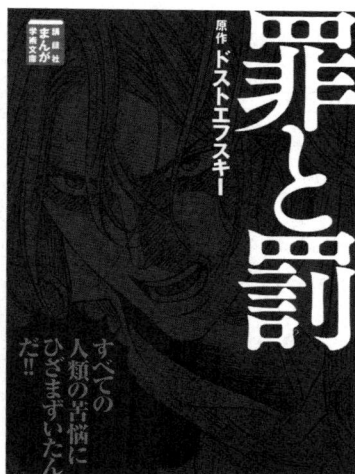

（二）《罪与罚》

　　对于那些认为阅读原著难度太高的人，可以通过漫画版掌握故事梗概及该书的世界观。

观看"预告片"，从经典情景深入细节

电影都有"预告片"。电影院在正式上映一部影片前，为更好地宣传影片，会播放其精华片段。

优秀的预告片能激发观众的观影欲。我也曾在看完预告片后购买过预售票。

在大学授课时，有时学生们会制作文学作品的预告视频。对于这些精心制作的视频，学生们总会兴致勃勃地让我观看。

其中，一些视频明明是悬疑推理类型，但一些穿帮镜头让人一眼就辨出谁是罪犯。即便如此，这群孩子们仍让我觉得如此可爱。

漫画版可以称之为原著缩编后的出版物，类似于电影的"预告片"，它恰到好处地汇总了原著的各个要点，且简单易懂，一定程度上汇总了故事梗概、抓住了人物关系。

可将漫画版当作原著的"预告片"，还可以从中挑选出一些经典情景来阅读。

就拿《卡拉马佐夫兄弟》举例，其中"宗教大法官"一段非常有名。针对耶稣的再生，有人站出来说："你说的话的确非常了不起，那么，这群劳苦大众怎么办？你不就是想让人类臣服于你的脚下吗？用自由来当挡箭牌难道不是混淆视听吗？"

着实引人深思。

此外，卡捷琳娜和格鲁申卡两名女性间的争执场面也让人心绪难平。"那女人就是只老虎！"类似这样的台词给读者留下了极为深刻的印象。

记住漫画版中的经典场景，之后再阅读原著，我保证你会被书中的细节所感动。

选择合适译者，赢在起跑线

像《卡拉马佐夫兄弟》这样的著作有很多译本，究竟选择哪个译者的书十分重要。

因为读者和译者的遣词造句也讲究缘分，意气相投还是格格不入皆因人而异。

有很多人在成为原著作者的粉丝之前，先变成了译者的粉丝。

一直以来，我都致力于向小学生推荐英国剧作家威廉·莎士比亚的作品，宣传其作品魅力。其中，就有一名小学生深深热衷于莎士比亚的作品。

《哈姆雷特》《麦克白》《李尔王》《威尼斯商人》等作品，他都一一读过。但他却对我说："老师，福田恒存的翻译真的很棒。"

当时我不由得暗自佩服，这孩子真的很了不起。

福田生于大正年间，是著名的作家、评论家、演出家。也曾出演过莎士比亚的戏剧。

1959 年，出版社发行了第一本经福田翻译的莎士比亚作品。对如今的小学生来说，书中的用词都属于比较古老的了。

但是，其译文格调十分高雅，不可思议的是，出声朗读后心情会格外舒畅。

像这般，爱上一名优秀译者的翻译风格后，就很难对别的译者"移情别恋"了。

《卡拉马佐夫兄弟》属于俄国文学，虽然不是由专攻英国文学的福田恒存翻译而成，但是也因译者不同，发行的版本也形形色色。

首先，确认自己和译者是否投缘十分重要。

可以在书店大致翻阅书籍，若发现"这译本读起来朗朗上口""其节奏正合我意"，再进行购买。

于我而言，我在第一次接触原卓也的译著时就被其风格深深吸引，因此大学教材也引用了其新潮文库的译本。

关键点：选择好的译者，赢在起跑线。

同是《卡拉马佐夫兄弟》，因出版社不同，译者和卷数也不尽相同。

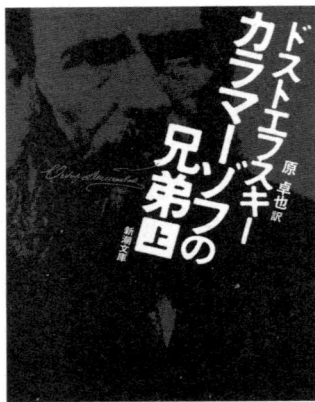

（一）《卡拉马佐夫兄弟》（上）
原卓也译

（二）《卡拉马佐夫兄弟》
（第一卷） 米川正夫译

（三）《卡拉马佐夫兄弟1》 龟山郁夫译

创设形象，赋予主人公生命

接下来进入第二阶段，即：具体的"阅读方法"。

虽然有些唐突，但不知大家是否对下述情况感同身受呢？自己喜欢的漫画被拍成动画，但听完声优的配音，不禁感叹："啊？和我想象中的声音差好远。"

又或是自己喜欢的动漫被拍成真人版，但其演员和自己的设想不符，不禁感到些许失望。

有时原作越有人气，在被拍成动画或电视剧后，给人的反差便越大。

我要的不是这个演员。

不是这个声音。

网上的评价也如狂风暴雨般接踵而至。

当你从拍摄的动画或电视剧中感受到了不协调，证明你的脑海中已经创设了主人公的形象和声音。

"那么，你觉得什么样的声音最为合适呢？""哪位演员你才能接受呢？"

虽然被问到这些问题时大家可能哑口无言，但即便这样，我们的感觉还是不会撒谎也不会改变。

只要在脑海中形成无法撼动的人物形象，这便可以转化成读书的动力。

我们赋予故事主人公生命，并使之深深扎根于脑海。反过来，主人公在故事世界里也深深地牵动着我们的心。

在阅读《卡拉马佐夫兄弟》这样的长篇小说时，提前设定好主人公形象十分重要。

若毫无灵感，实在想象不出来，可以从现实世界中选定演员或声优。若这些设想的人物能在脑海中自由活动、交流，可以大大提升阅读速度。

关键点：选择喜欢的演员匹配心中的主人公。

张弛有度，30 秒快进阅读

在看录像时，可以使用 3 倍快进或 30 秒快进的功能。遇到不感兴趣的场景使用 3 倍快进，遇到有趣的情节便用普通速度播放。例如，在看美式橄榄球比赛时，就可使用 30 秒快进，只观看比赛的部分。

在阅读《卡拉马佐夫兄弟》时也可尝试使用相同的方法，挑重点阅读。

想要阅读完长篇著作，张弛有度的阅读方法是关键。

在阅读过程中，对于那些毫无兴趣的内容，可使用 3 倍快进的方法，这样便能轻松阅读至结尾。

托尔斯泰的《安娜·卡列尼娜》与《卡拉马佐夫兄弟》同属俄国文学，前者以 1870 年的俄国为舞台，是一部以女性为主角的名作。

我在阅读此书时，只聚焦于主人公安娜的一举一动，以她为阅读中心。遇到描写她那不争气的丈夫时，我会选择"快进"，直至安娜再次登场。

虽然此阅读法并不规范，但总比在阅读中途受挫，失去阅读欲要好。所以，选择快进何尝不是一种明智的选择呢？

至少不断追随主人公的一举一动，我不会脱离整个故事情节。在读完最后一页时，内心"阅读完毕"的满足感也能油然而生。

> 关键点：对于那些毫无兴趣的内容，可使用 3 倍快进的方法。

简化难度，绘制人物关系图

在长篇著作中，会有很多出场人物。这些人物都有各自的喜怒哀乐，因他们的存在，让整个故事情节跌宕起伏，也是因他们的存在，让整部著作生机勃勃，更贴近现实生活。

"有这样的父母，谁能忍受！"

有些人物怪癖连连，唯恐天下不乱。我们在阅读时不妨"隔岸观火"，也是一大乐事！

像《卡拉马佐夫兄弟》这样的巨作，读者对原著的诠释和感想也各不相同。

若有读者喜欢次子伊凡，就有读者更喜欢小儿子阿辽沙。

根据人物的言行产生赞成和反对两种意见可谓屡见不鲜。这正是陀思妥耶夫斯基对人物刻画的精妙之处。

但是，个性突出的人物源源不断上场时，读者就很难记住其名字和人物关系。

不清楚人物关系，读者就很容易脱离整个故事情节，也很可能在阅读中途受挫。

而且不可否认的是，在阅读国外著作时，因对他国人名不熟悉，所以读者更难记住人物关系。尤其是在俄国文学中，一个人名会有多种不同的表述，十分微妙。

也因此，《卡拉马佐夫兄弟》的阅读难度比较高。

解决这个问题的有效方法是：**绘制出场人物关系图。**

若在网上搜索"卡拉马佐夫兄弟＋人物关系图"，就会检索出相关内容。

可以参考网上给出的答案，也可以自己亲手绘制。但自己绘制的话，可以加深对原著的理解。

随着不断阅读，每出现一个人物，便将其添加在关系图中。

若自己亲手绘制，脑海中的人物关系会更加清晰，掌握起来也更轻松。

此外，若将关系图绘制于封面内侧，就不用担心关系图丢失的问题了。并且，能在名字旁边记录人物特点可谓更加完美。

关键点：**每出现一个人物，便将其添加在关系图中。**

《卡拉马佐夫兄弟》的人物关系图

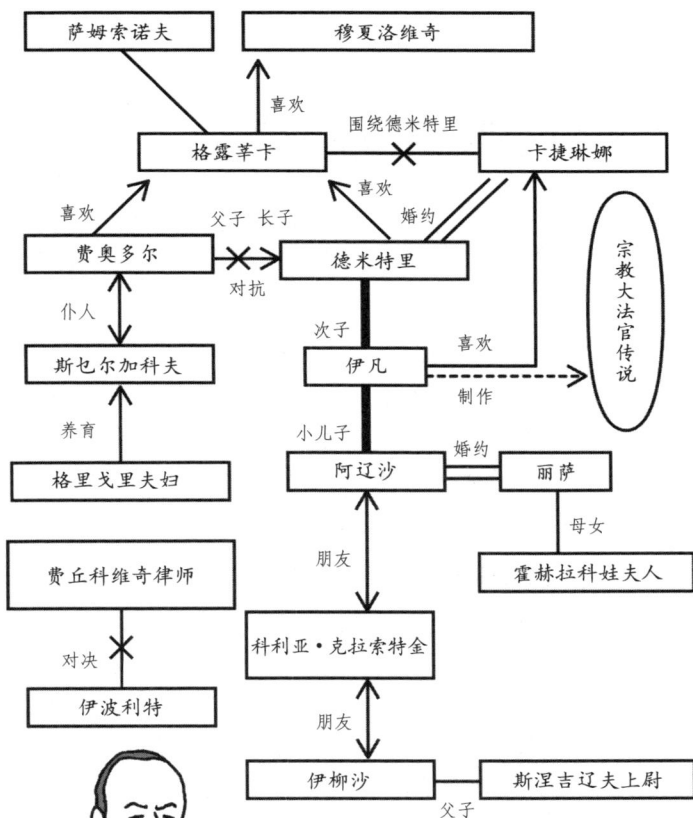

萨姆索诺夫 ── 格露莘卡 ──喜欢→ 穆夏洛维奇

格露莘卡 ──围绕德米特里──✕── 卡捷琳娜

格露莘卡 ←喜欢── 贾奥多尔

贾奥多尔 ──父子 长子──✕── 德米特里
对抗

德米特里 ──喜欢→ 卡捷琳娜
德米特里 ──婚约── 卡捷琳娜

贾奥多尔 ↕仆人 斯乜尔加科夫

斯乜尔加科夫 ↕养育 格里戈里夫妇

德米特里 ──次子── 伊凡

伊凡 ──喜欢→ 卡捷琳娜
伊凡 ──制作┄→ 宗教大法官传说

德米特里 ──小儿子── 阿辽沙

阿辽沙 ──婚约── 丽萨

丽萨 ──母女── 霍赫拉科娃夫人

贾丘科维奇律师 ──对决──✕── 伊波利特

阿辽沙 ↕朋友 科利亚·克拉索特金

科利亚·克拉索特金 ↕朋友 伊柳沙

伊柳沙 ──父子── 斯涅吉辽夫上尉

195

追逐剧情，开启"剧本式阅读"

作为长篇名著，其情景描写和心理描写都是出类拔萃的。处处耐人寻味，也是其被称作名作的原因。

但对于那些初次接触长篇巨作的人来说，往往难以消化、举步维艰。在还未熟悉阅读长篇著作的阶段即使强迫自己继续阅读，也是徒增烦恼。也可能会导致阅读受挫。

为了让长篇著作更容易阅读，我想推荐大家一个阅读方法：**以引号内的对话部分为中心，开启"剧本式阅读"。**

不需要分毫不差地读懂原著的每句话，只读容易理解的对话部分即可。

众所周知，在日常交际中，人与人之间的对话一般都不会很难。小说中也一样，对话部分要比叙事部分更容易理解。

只挑选对话部分阅读，当然会格外轻松。使用这种方法，抓住全书梗概。

阅读对话部分，可以掌握上场人物间的关系。因为对话中可以体现上下级关系、喜好厌恶，以及喜怒哀乐。

此外，即使是"对话部分"，也不必全部阅读。

就拿《卡拉马佐夫兄弟》举例，其中不乏和中心思想毫无关系的小插曲。虽然每一个插曲都很有趣，一一读完也最为理想，但是秉着以阅读完原著为优先的原则，抓住中心内容直达目的地为最佳。

所以，遇到和中心思想无关的对话，不用犹豫，果断跳过即可。全力以赴追逐剧情的发展即可。

也许有人会担心："像这般跳跃式阅读，会不会对原文所述理解不够呢？"对于这一点，大可放心。因为我们在日常生活中一直都有这方面的训练。

就拿电影举例，一般会将电影时间控制在 2 小时左右，经过反复编辑，最终将其艺术性呈现给大众。有时，主人公 80 年的人生，虽然只用两小时呈现于人，但其良好的连贯性并不会带给观众任何不适。

而此时，也没有人发出"不知所云"的质疑声。因为被剪辑掉的大部分岁月已在我们的脑海中被还原、填补。

又如在地铁上，有时听到不认识的两个人对话，最初并不知道他们在聊什么，但之后便推测出"原来是在说送别会的事啊"。

像这般，虽然从始至终得到的信息都是片段性的，但通过大脑的想象和补充便能窥知一二。**这种"还原力"同样适用于阅读。**即便人们只阅读对话的部分，因大脑会在一定程度上还原补充，所以并不会妨碍理解。

基本原则是：抓住全书梗概，逐步推进对局部的理解。

跳读时，有时不小心跳过了重要内容，不禁会想："咦？为什么会变成这样呢？"这是弄丢主要情节的表现。

此时，只需往前翻几页，细心确认即可。无须劳神费力便能重新抓住主要的故事情节。

按上述方法阅读，能够同时提升合理跳读能力及大脑还原跳读内容的能力。

综上所述，随着阅读速度的提升，不擅长阅读长篇小说的意识也会越来越淡薄。

关键点：即使跳读也能抓住故事梗概。

掌握进度，明确进度管理

最后，进入第 3 阶段："推进方法"。

阅读《卡拉马佐夫兄弟》这样的长篇小说时，"进度管理"十分关键。需要明确"故事是如何走到这一步的"。

这和登山十分相似，通过"合目管理"抵达峰顶。

"合目"是日本山岳用语，从登山口到山顶被分成 10 份。登山口就是"一合目"，山顶是"十合目"。于我而言，锁定目标后，会将其分成几份，一边做一边确认已经完成了"几分之几"，直至实现目标。

犹记得大学时代，我利用闲暇时间打工，需要修改几百页的答案解析。

看着面前堆积如山的纸张，我一筹莫展。突然，我心生一计：将所有的答案分成 5 份，逐份攻克。"已完成 1/5 了""不错，已完成 3/5 了""加油，还剩 1/5"，像这般，我最终完成了所有工作。

阅读长篇小说也一样，边践行进度管理边阅读。

读完 1/5，朝着 2/5 的目标迈进。即将阅读完 2/5 时，就证明已经阅读了全书的 1/3 以上。

若将全书分成 3 份，从 1/3 到 2/3 要经历漫长的时间，那么，可以利用位于 1/3 到 2/3 之间的 1/2 和 3/5 进行更为细致地划分。这样可以推动自己不断向前阅读。

阅读完全书的 2/3，接下来可以朝着 4/5 的目标迈进。读完 4/5，就可以朝着终点进行最后的冲刺了。

若处于 1/10 的阶段，你可能会气馁，不禁会感叹"离终点还有好远啊"。这时，若使用进度管理的方法继续阅读，会在不知不觉中发现："可以啊，自己很棒呢""居然都读了这么多"。

这种奋发高昂的气势会成为我们持续阅读的动力。

当然，进度管理的标准因人而异。

"285/500 页""完成率：58%"等属于更为细致的进度管理，只要觉得它适合自己，请果断采用此方法。

有的学生每天读完后，会用手机、相机等拍下来，上传到脸书或推特上，让自己干劲十足。

关键点：掌握阅读进度，能让自己更有干劲。

固定时间，3 个月读完一本书

阅读时所用的"时间"也是一个不容忽视的关键点。

本书第 63 页讲到"用 30 分钟读完 1 本书"，但像《卡拉马佐夫兄弟》《安娜・卡列尼娜》这样的长篇小说用 30 分钟读完显然是不现实的。

所以在阅读长篇巨作时，可以将期限设定为"3 个月"，速度适中阅读即可。像新潮文库的《卡拉马佐夫兄弟》分为上、中、下 3 卷，我们可以每月阅读 1 卷。

每月读一卷的话，就能计算出每天读多少页。之后，利用每天通勤在地铁里的时间、空闲时间、周末闲暇时间完成阅读。

例如，《卡拉马佐夫兄弟》上卷有 667 页，除以 30 天，每天大概阅读 21 页。

通过每天不间断的阅读积少成多，会让人其乐无穷。等到你真的读完了，反而会感到些许寂寥。

若 3 个月的读书时间能与春夏秋冬的某个季节重合，便再好不过了。这样，你在未来的某一天回想时，也是一份美好的回忆。

2019 年的春天，是《卡拉马佐夫兄弟》陪我度过的。

那年冬天，幸好有《安娜•卡列尼娜》在。

像这般，读书和季节的默契配合总能让人的记忆更为深刻（参照第 132 页）。

若再加上地点，构成"读书 + 季节 + 地点"，会更加回味无穷。

这么说来，我还是在 29 岁的冬天，每天在那个咖啡屋阅读《卡拉马佐夫兄弟》呢。

在秋天的读书季，我在公园的长椅上读完了《安娜•卡列尼娜》。

像这般，在回忆读书时也能忆起阅读季节和地点，读书经历就会变成美好的回忆。

在未来的日子里，每当来到当时读书的地方，便会唤醒你对《卡拉马佐夫兄弟》世界观的回忆，使你不断重温故事情节。

说到这里，不由想起我在补习学校的老师——奥井先生，他在每年年末必然会重温一遍《卡拉马佐夫兄弟》。像他这样，如一种仪式般每年固定做一件事，也未尝不可。

> **关键点：尝试一个季节阅读一本书。**

推进向前，遵守"一定的节奏"

读书时，会伴随两种动作，即：翻页时"手上的动作"，以及浏览时"眼的动作"。

用手翻页的动作要优先。

不论多么厚的长篇著作，只要能按一定的节奏阅读，必然能有条不紊地读到最后。这里提到的"一定的节奏"非常重要。

若完全配合"眼的动作"，有时翻页的动作会稍显迟缓或突然停止。所以，才要强制性地让手上动作优先。

按一定节奏掌控手上动作，淡然自若地翻页，并在此基础上配合"眼的动作"。

明明应该翻页了，但目光仍停留在本页的中间几行，证明阅读的速度太慢了。此时，你应该有意识地增加跳读的频率，加快"眼的动作"。

请尽早熟悉手眼配合的感觉，使其成为推进阅读的基本节奏。

若无法掌握翻页的节奏，刚开始可以通过计时的方式帮助自己熟悉。用页数除以用于读书的预计时间。

若遇到十分有趣、让人欲罢不能的段落，精度细读没有问题，但是一定要提醒自己：在保证基本节奏的基础上读到最后。

我一直提倡张弛有度地阅读，所以在实际阅读中，若遇到那些让自己倍感无聊的部分可加速跳过，通过大脑的还原力弥补即可。

对于那些无论如何也无法实现手眼配合的人，只能拿出我珍藏已久的"绝招"了，即：**一页页快速翻过一知半解的内容，只精读高潮部分。**

例如，在《卡拉马佐夫兄弟》的最后，主人公阿辽沙和一群少年边走边喊"卡拉马佐夫万岁"，这部分内容也是全书的一个高潮。每当读到此处总会让我备受感动。

"虽然不知道此前究竟发生了什么，但是结局终究是美好的。"若不忘记这份感动，可以再过一段时间重新挑战这部巨作。

> **关键点**：遵守"一定的节奏"，不断推进向前阅读。

高效阅读巨作，迈向高效人生

最后，让我们再一次重温长篇著作带来的魅力。

犹记得 20 岁的我，总是闷闷不乐并心怀不满，抱怨着：我明明很有能力，为什么迟迟得不到提拔呢！

当时，我认真读完了《罪与罚》。

《罪与罚》的主人公拉斯柯尔尼科夫对社会心怀怨恨，最终踏上杀人的不归路。

起初，我并不觉得拉斯柯尔尼科夫的所作所为有何不妥，他只不过代表了青年人的郁郁不得志罢了。

但最终，我认识到自己的想法太单纯可笑了。

拉斯柯尔尼科夫以自己的不得志为借口，将痛苦施加于他人，他滥杀无辜、草菅人命，简直罪不可赦。

读完《罪与罚》，我总会告诫自己："都这个时候了，你有什么资格将所有的错归咎于社会，归咎于周围的人！"

提及《卡拉马佐夫兄弟》，我总会想起这样一幕：深陷绝望的阿辽沙倒在地上，但不久他便感受到了大地的包容和伟大。于是他毅然起身，斗志昂扬如重获新生一般。

每每思及此，我总觉得"自己的内心也发生了改变""仿佛能看得更远了"。

我坚信只要读了阿辽沙的故事，一定会有所改变。

长篇著作总是和现实世界有惊人的相似性。

即便是自甘堕落，即便是错误连连，我们也不得不承认"人活着不就是这样吗"。

阅读完长篇著作，仿佛人生也向前迈进了一步。

我希望大家在读完一本著作后，能如决堤之水般涌进书的海洋，让自己的人生不断向前迈进。

关键点：通过阅读长篇著作，掌握生活中存在的共性。

尾　声

"我大概知道读完一本书的感觉了。"若大家都能这么想，我会非常开心。

或许在阅读此书之前，你会为读完一本书而苦恼。可是，一旦你知道"有很多阅读方法"，一切难题便会迎刃而解。今后也会不断发现自己钟爱的书籍，享受读书的乐趣。

有人说，AI（人工智能）时代即将来临，人类的工作也终将被取而代之，并预测：将近一半的现有工种会被取代。

此时，可能有人会想：在这样的时代大环境中居然还要读书，岂不是与时代相背离？

也不乏有人会说："孜孜不倦地读书和积累知识岂不是毫无意义！直接从网上搜索岂不更为便利？"但是，我认为这些想法都是对读书的极大误解。

当 AI 时代真正来临之际，人类唯一的武器只能是：创造。所谓创造，就是把以前没有的事物制造出来。也可以称之为"思考力""革新力"。

日本一直自称"制造大国",并以此为傲发展本国经济。但是,单纯地认为只要能生产出高品质产品必能实现销售的时代已经一去不复返。

产品也好、服务也罢,我们需要思考究竟在追求什么。若没有创造,必将会在激烈的国际竞争中被淘汰。

商业人士也可能被 AI 夺走工作、沦为被 AI 利用的工具。

而在 AI 时代作为生存武器的创造力是通过读书实现的。读书并非单纯地汲取知识,其本身就是一种创造行为。

在阅读途中遇到不懂的地方,未必上网就能查得到。而通过大脑思考、找到答案的过程就是在锻炼自身的创造力。

而且 AI 很难取代人类的人情世故,但是人类通过想象电影原著或小说的"心理描写"就能培养这种人情世故。

不可否认,很多时候人们通过网络能够解惑,但是网络却无法培养人的创造力和人情世故。所以,请大家一定通过读书来获取自己生存的必要武器。

我之所以有如今的成就,归功于至今为止读过的数不胜数的著作。

所以,我从心底希望大家也能接触更多的书,读完更多的书,能以书为话题愉快地交谈。

这本书的问世得益于钻石出版社的斋藤顺先生和渡边稔大先生的协助。在此，对两位表示衷心的感谢。

2019 年 1 月

斋藤孝